日本経済「没落」の真相

貧困化と産業衰退から
どう脱却するか

村上研一
Kenichi Murakami

旬報社

はじめに

　1990年代以来のいわゆる「失われた30年」の中で、多くの人々が「将来に希望が持てない」状況が続いてきた。しかし近年、将来のみならず現状についても、日本経済の衰退、凋落、社会の劣化、荒廃が実感されるようになっている。

　2020年代の日本経済は、円安ドル高にも起因する物価上昇の下で、実質賃金・実質所得の減退が続き、人々の生活苦が広がっている。エネルギーや輸入食品に加えて、2024年以降は主食であるコメの価格も高騰し、エンゲル係数も顕著に上昇しており、貧困化は覆い難い。世界的物価上昇に加えて、産業競争力低下に起因する貿易赤字が継続しており、大幅な円高転換は望めず、人々の生活の好転の兆しはみえない。

　今世紀に入って以降の日本経済は、賃金は上昇せず、設備投資も停滞して国際的地位の低下が続いている。GDP総額は2010年に中国に抜かれ、2023年には人口が約3分の2のドイツに逆転された。IMFの統計で2024年の一人当たりGDPを国際比較すると、日本は約3.3万ドルで39位、6位の米国の約8.7万ドル、17位のドイツの約5.6万ドルには遠くおよばず、約4.0万ドルで28位のイタリアを下回るG7で最下位となっている。さらにアジア諸国の中では、シンガポール（5位、約8.9万ドル）、香港（20位、約5.3万ドル）、韓国（33位、約3.6万ドル）、ブルネイ（35位、約3.5万ドル）などを下回っている。

　なお、30年前の1995年の一人当たりGDPでは、日本はルクセンブルク、スイスに次ぐ世界3位で約4.4万ドル、6位のドイツの約3.2万ドル、10位の米国の約2.9万ドルを大きく上回っていた。

　日本経済の長期停滞については、1997年頃をピークとした実質賃金の下落・停滞、また人口減少に伴う内需の縮小を主因と捉える認識も広がっている。多くの日本企業は人件費とともに国内の設備投資や研究開発などの費用を抑制・削減することによって経常利益を高め、内部留保や配当など株主還

元を増大させたため、供給力・競争力を失ってきた。長引く賃金と設備投資の停滞を受けて、日本政府も「コストカット経済」（岸田前首相）を問題視するようになっているが、経済の停滞と閉塞状況からの脱却は見通せない。

　一方、とどまることのない少子化と人口減少が、社会の存立自体を脅かしている。2024年の出生数は約72万人と、50年前のほぼ3分の1にまで縮小し、様々な業種・地域で人手不足が深刻化し、今後のさらなる人口構成の高齢化と人口減少が決定づけられている。こうした少子化と人口減少の要因は、言うまでもなく経済停滞、そして企業行動や労使関係とも深く結びついている。

　このような今日の日本経済からは、かつて「ジャパン・アズ・ナンバーワン」と言われた「経済大国」日本の姿は想像もできない。どうして、日本経済は「没落」に至ったのか？──この問いについての明確で説得的な解明が、日本経済の再建、そして人々の生活改善に不可欠である。

　本書では、かつて日本の高度経済成長・「経済大国」化を可能にした要因と特質を踏まえ、それが今日の衰退・没落に至った経緯について明らかにすることを課題とする。考察にあたっては、人々の生活条件、企業行動とその変容、経済動向に影響を及ぼした日本社会独特の諸条件、政策展開、国際関係などとの関連を踏まえつつ、日本経済総体と諸産業の動向について把握することをめざした。以下、本書の概要を簡単に紹介しよう。

　第1章では、戦後改革から1980年代に至る日本経済の成長と「経済大国」化について、それを可能とした要因とともに、外需依存的「経済大国」としての独特の成長のあり方が、今日の日本社会が抱える諸問題の淵源となる様々な歪みを内包したものであったことを明らかにする。続く第2〜4章では、1990年代以降の日本の「失われた30年」をもたらした要因について検討する。第2章では、冷戦終結後の米国政府の対日姿勢の変容とともに、それを受けた日本政府の政策、また日本企業の対応が労働条件悪化につながり、内需の停滞・減退を招いたことを明らかにする。第3章では、米国政府の対

日要求を受けて実施された会社・会計制度改革に伴う企業経営の変貌が、人件費とともに設備投資停滞を招き、日本経済の供給面の衰退につながった点、さらに米国の要求に応えつつ既得権益保護を優先した日本政府の経済・産業政策の問題点が明らかになる。さらに第4章では、グローバル資本主義化が進展する中での日本経済・産業の国際的地位低下と、その要因となった日本産業のグローバル展開と空洞化について検討する。さいごの第5章では、こうした日本経済の衰退・没落の要因を踏まえ、持続可能な社会と人々のくらしを実現するための日本産業・経済再建の課題について考察する。

　本書は、外需依存的「経済大国」という独特の性格を有する日本経済の成長と衰退に関するこれまでの筆者の研究について、学生を含む多くの人に手を取っていただけるように分量を抑え、簡潔に書き下ろしたものである。本書の内容のベースになっているのは、2013年に上梓した拙著『現代日本再生産構造分析』（日本経済評論社刊）、および昨年刊行した拙著『衰退日本の経済構造分析―外需依存と新自由主義の帰結―』（唯学書房刊）等で行った理論的・実証的分析であり、とくに後者の拙著から図表や叙述を本書に流用した部分も少なくない。なお本書の性格に鑑み、ページ数を抑えるために本文の内容に関する理論的背景や資料的裏付け、産業や政策の動向についての叙述を省略したため、これら詳細に関しては上記拙著をご参照いただきたい。

　このように本書は、高度成長と「経済大国」化の後、衰退、そして今日の没落に至る日本経済について筆者なりの観点から整理・総括したものである。引用・注記した諸研究をはじめとする先学から学んだ点も多いが、本書の内容についての一切は筆者の責任である。

　さまざまな困難に直面し、あるいは将来に不安をかかえる人々の生活の改善のため、日本産業・経済の再建について考察するうえで、本書が少しでも参考になれば幸いである。

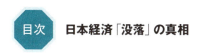

日本経済「没落」の真相

はじめに ………………………………………………………………… 2

序 章 日本経済の変容
―「経済大国」から衰退、没落へ ………………………… 9

第1章 かつての日本は、どのように「経済大国」になったのか？
―輸出依存的成長と日本の産業・社会の歪み ……………… 13

1. 冷戦と高度成長 ………………………………………………… 13
   (1) 冷戦下米国の世界戦略と日本経済 ………… 13
   (2) 高度成長の展開とその要因 ………… 16
2. 輸出依存的成長と「経済大国」化 …………………………… 26
   (1) ニクソンショックと高度成長の終焉 ………… 26
   (2) 「減量経営」と輸出依存的「経済大国」化 ………… 28
   (3) 産業競争力を支えた国家支援 ………… 31
3. 「経済大国」化と日本経済・社会の歪み …………………… 33
   (1) 外需依存の必然化と脆弱性 ………… 33
   (2) 産業・貿易構造の偏倚 ………… 35
   (3) 地域社会の荒廃 ………… 39
   (4) 人口の再生産の困難 ………… 39
   (5) 共同性の喪失と孤立・孤独の広がり ………… 40

第2章 私たちはなぜ、貧しくなっているのか？
―格差・貧困の広がりと内需停滞 ……………………………… 45

1. 「失われた30年」への転換――バブル崩壊と冷戦終結 …… 45
   (1) バブル崩壊と不況転換 ………… 45
   (2) 冷戦終結と米国の対日姿勢の変化 ………… 48
   (3) 米国の対日要求と日本の「改革」 ………… 51
   (4) 中国の外資導入と米中連携 ………… 55
2. 「新時代の「日本的経営」」と非正規雇用拡大 …………… 57
   (1) 円高と「ドル高転換」………… 58

(2)「新時代の「日本的経営」」と労働法制改定 ……… 58

(3)1997-98年不況とリストラ・非正規雇用拡大 ……… 60

(4)2000年代の「いざなぎ越え」景気の内実 ……… 61

3. 新自由主義的改革と税制・社会保障 ……… 65

(1)税制改革とその帰結 ……… 65

(2)社会保険の逆進性とその強化 ……… 67

(3)社会保障の市場化 ……… 68

4. 人口減少と内需縮減、内需産業の衰退 ……… 71

(1)人口減少 ……… 71

(2)家計支出の減退と輸入品の浸透 ……… 73

(3)内需産業の衰退 ……… 75

第3章 日本産業はなぜ、衰退しているのか？
—— 米国式経営、経済政策と供給力低下 ……… 79

1. 国内生産能力の衰退と設備投資の縮減 ……… 79

(1)国内生産能力の減退 ……… 79

(2)産業別純投資額の推移 ……… 80

(3)企業経営の変貌 ……… 82

2. 米国の対日要求と企業経営の変貌 ……… 84

(1)米国式企業経営への転換——会社制度改革 ……… 84

(2)米国式企業経営への変革が何をもたらしたか ……… 87

(3)株主の立場からの会計制度改革——国際会計基準の導入 ……… 89

(4)米国金融資本の狙いと日本企業の変貌 ……… 91

(5)不良債権処理と分社化・リストラ ……… 91

(6)コーポレートガバナンス改革 ……… 95

(7)改革の帰結 ……… 98

3. 既得権優先の経済政策——「アベノミクス」の帰結 ……… 100

(1)金融緩和の意図と効果 ……… 101

(2)「機動的な財政政策」による産業支援策の実施 ……… 103

(3)「気候危機」とエネルギー政策 ……… 108

第4章 なぜ、貿易赤字が続くのか？
—— グローバル化と空洞化、産業競争力低下 ……… 115

1. 世界経済のグローバル再編 ⋯⋯⋯⋯⋯⋯⋯⋯⋯⋯⋯⋯⋯⋯⋯ 115

(1)日本経済の地位低下 ⋯⋯⋯ 116

(2)世界産業の構造変化と日本 ⋯⋯⋯ 116

2. グローバル資本主義と日本産業の競争力低下、空洞化 ⋯⋯ 118

(1)日本産業のグローバル展開 ⋯⋯⋯ 118

(2)電機産業の競争力衰退 ⋯⋯⋯ 119

(3)自動車産業の空洞化 ⋯⋯⋯ 122

3. 既得権優先と産業転換の遅れ ⋯⋯⋯⋯⋯⋯⋯⋯⋯⋯⋯⋯ 124

(1)「気候危機」と「脱炭素」をめぐって ⋯⋯⋯ 124

(2)自動車産業とEV、PHEV──日本の遅れと中国の躍進 ⋯⋯⋯ 126

4. 現代日本資本主義の世界的位置 ⋯⋯⋯⋯⋯⋯⋯⋯⋯⋯⋯ 129

(1)現代日本産業・経済の世界的位置 ⋯⋯⋯ 129

(2)従来型産業構造、既得権の温存と貿易赤字 ⋯⋯⋯ 131

第5章 日本の産業・経済の再建に向けて
──衰退からの脱却と資本主義の超克 ⋯⋯⋯⋯⋯⋯⋯⋯ 135

1. 衰退の根因──外需依存、対米従属、長期政権 ⋯⋯⋯⋯⋯ 135

(1)衰退日本の規定要因 ⋯⋯⋯ 135

(2)「経済大国」日本の歪みの克服 ⋯⋯⋯ 136

2. 衰退日本が直面する諸問題 ⋯⋯⋯⋯⋯⋯⋯⋯⋯⋯⋯⋯⋯ 137

(1)既得権保護と財政赤字、円安 ⋯⋯⋯ 137

(2)人口減少と地域社会の衰退 ⋯⋯⋯ 138

(3)公的領域の解体と寄生的独占資本 ⋯⋯⋯ 138

3. 産業・経済再建の課題 ⋯⋯⋯⋯⋯⋯⋯⋯⋯⋯⋯⋯⋯⋯ 139

(1)労働条件改善と格差是正 ⋯⋯⋯ 139

(2)持続的な国内供給能力の再建・拡充 ⋯⋯⋯ 140

(3)地産地消と市場の重層化 ⋯⋯⋯ 140

(4)公的領域・公的関与の拡充 ⋯⋯⋯ 141

4. 資本主義の超克に向けて ⋯⋯⋯⋯⋯⋯⋯⋯⋯⋯⋯⋯⋯ 142

(1)「新自由主義からの転換」の動き ⋯⋯⋯ 142

(2)新たな生産関係構築の課題 ⋯⋯⋯ 142

(3)利潤原理・私的所有の専制からの転換 ⋯⋯⋯ 143

COLUMN 01 　臨海工業地帯の優位性 ………… 20

COLUMN 02 　日本的労使関係、ジェンダー格差そして少子化 ………… 23

COLUMN 03 　東アジア稲作地帯の農村人口 ………… 25

COLUMN 04 　「経済大国」日本と人格形成の歪み ………… 41

COLUMN 05 　バブル崩壊のきっかけとなった空売りと株価下落 ………… 49

COLUMN 06 　「台湾有事」と日米同盟、米中連携…… 56

あとがき ………………………………………………………………… 144

索引 …………………………………………………………………… 148

序章	# 日本経済の変容
	―「経済大国」から衰退、没落へ―

　1990年代以来の日本経済の長期停滞は「失われた30年」と言われ、近年では日本経済の国際的地位の低下も著しい。序章では、日本経済の低迷・停滞について、長期的視点から検討し、その特徴点を確認しよう。図序-1には、1971年以降の暦年ベースの実質経済成長率、名目ベースでの一人当たりGDPの対米比率、人口指数（2010年＝100%）、貿易特化係数の推移を示した。また図序-2には、2010年を基準とした実質家計最終消費支出指数（1978年以降）、製造工業および機械工業の生産能力指数（1978年以降）、法人企業の経常利益指数（1980年度以降）の推移を示した。

　図序-1で実質経済成長率は1970〜80年代は5%前後で推移し、一人当たりGDPの対米比率は1970年代前半の約3分の2から、1970年代後半には8割前後の水準に上昇した後、プラザ合意後の急激な円高に伴って1987年に100%を超え、日本の「経済大国」化とともに「日米逆転」が現出した。1980年代には一人当たりGDPの対米比率の上昇に先行して、日本産業の国際競争力を示す貿易特化係数が大きく上昇し、図序-2に示した機械工業の生産能力指数も増大が顕著である。この時期には人口増とともに実質家計最終消費支出の拡大が続き、製造工業の生産能力も順調に拡大している。こうした動向は、国際競争力を高めた機械工業を中心とする経済成長が、国内消費拡大も伴いつつ生産能力増大につながったことを示している。

　図序-1では1990年代以降、実質経済成長率は低迷し、1993、98、99、2008、09、19、20年はマイナス成長となっている。一人当たりGDPも2000年代に米国を下回り、2010年代には米国比60%強にまで低下、さらに円安が進んだ2022年には44.5%まで低下している。1990年代には貿易特化係数が低下し、図序-2に示した製造工業・機械工業の生産能力は横ば

図序-1：日本経済の長期動向

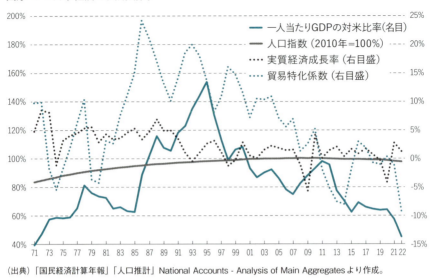

（出典）「国民経済計算年報」「人口推計」National Accounts - Analysis of Main Aggregates より作成。

い、実質家計最終消費支出の伸びも鈍化している。生産能力は2000年代前半に大きく低下した後、2000年代後半に回復している。2010年代以降には、図序-1に示した貿易特化係数がマイナス、つまり貿易赤字となる年が増え、図序-2でも製造工業・機械工業の生産能力の低下が続き、実質家計最終消費支出も減退するようになった。一方、法人企業の経常利益は2000年代から顕著に増大するようになり、2008-09年不況での落ち込みを経て、2010年代には大きく拡大している。

このように、1980年代まで産業競争力向上とともに内需と供給能力が増大してきた日本経済は、1990年代に一転して停滞・衰退に陥った。2010年代には国内消費の減退、国内生産能力の縮小、さらに産業競争力の低下が続いた一方、法人企業の利益だけが大きく拡大している。「失われた30年」を経た日本経済は、国内需要と国内供給力、産業競争力がいずれも衰退し、企業利益だけが拡大する歪な構造となっている。

図序-2：生産能力、消費支出と企業利益の動向

(注) 1.「実質家計最終消費支出」は帰属家賃を除く。
2.「経常利益」は金融保険業を除く全産業・全規模企業。
3. 生産能力指数は各年1月における生産能力から作成。
(出典)「国民経済計算年報」「法人企業統計」「鉱工業指数」より作成。

　本書では、成長から衰退へと転落した日本経済の動向に関して、衰退の実態と要因を明らかにしたうえで、産業・経済を再建するための課題について考察する。1980年代までの成長と「経済大国」化の要因を明らかにする第1章に続き、第2章以降では1990年代以降の「失われた30年」における日本経済衰退の要因について考察する。第2章では内需の停滞・減退、第3章では国内供給力の低下、第4章では産業競争力の衰退に関して、それぞれ実態と要因の解明をはかる。こうした衰退の諸相の考察から、人々の生活や社会の存立が脅かされている今日の日本経済の現状とともに、従来型の産業構造・成長のあり方の延長線上にはさらなる衰退の継続、没落が予測されるこ

とが明らかになる。そして第5章では、こうした衰退、没落を脱し、日本産業・経済の再建と人々の生活と社会の安定をはかるための課題について考察する。

かつての日本は、どのように「経済大国」になったのか？
― 輸出依存的成長と日本の産業・社会の歪み ―

　日本経済は戦後、敗戦下の貧困状況から高度成長を遂げ、序章で確認したように1980年代には一人当たりGDPで米国に匹敵する「経済大国」となった。本章では、日本の「経済大国」化を可能にした要因と、それが日本の産業・社会に及ぼした影響について明らかにする。

1. 冷戦と高度成長

　日本経済は1955年以降、年平均10％近い経済成長を遂げ、重化学工業を中心とする産業構造に転換した。こうした高度成長を遂げた理由は、冷戦下の国際関係を外部条件としつつ、政府の産業政策や日本独特の社会構造とも関連していた。

(1) 冷戦下米国の世界戦略と日本経済

①敗戦と「3大改革」

　1945年8月、ポツダム宣言を受諾した日本政府は、米軍を主体とするGHQの指示に従って戦後改革を実施した。経済改革としては、農地改革・労働改革・財閥解体が実施された。これら「3大改革」（図1-1）の目的は、戦前日本の軍国主義の経済的基盤を一掃することであり、軍人の給源となった農村の貧困と厳しい労働条件の改善、軍需生産や軍事輸送など戦争経済の担い手であった財閥の解体がはかられた。

　農地改革を通じて、不在地主の全小作地と在村地主の1町歩超の保有地が強制的に小作農に売却され、自作農を中心とする農村社会が形成された。ま

図1-1：戦後の「3大改革」の狙い

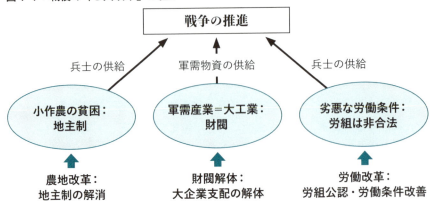

た労働改革によって労組が公認されたが、続々と結成された労組は戦前に一般的だったエリート職員と現場作業者との格差を撤廃する「職・工一体」を掲げて急速に組織率を向上させ、激しい労働争議を通じて、戦前の「職員」の給与体系に準じた年功賃金体系が広がった。さらに、持ち株を通じて財閥系企業を支配していた財閥本社を解体、財閥家族が追放され、経済の民主化が進んだ。

　経済復興をめざす日本政府は、石炭・鉄鋼・電力など主要産業の優先的復興をはかり、政府が全額出資した金融機関である復興金融金庫（復金）がこれら産業を中心に企業への融資を拡大した。なお、復金融資の財源は、復金が発行する債券（復金債）を日銀に買い取らせ、通貨供給能力のある日銀が復金に資金を供給することによって調達された。このように、日銀による通貨供給拡大は、戦中戦後の生産能力減退に伴う供給不足と相まって激しい物価上昇の要因となった。

②冷戦と占領政策転換

　一方、欧州では1947年頃から戦後復興支援をめぐって米ソ対立が先鋭化し、アジアでも1946年に勃発した中国内戦で共産党軍が優勢となった1948

年以降、米国の対日占領政策は大きく転換した。それまでの、米国のライバルとなった日本の非軍事化・民主化と日本経済の無力化をはかる方針から、ソ連および社会主義陣営に対抗するアジアにおける「反共の防波堤」となる米国の同盟国として、資本主義的復興を後押しする方針に転換した。

　GHQは1948年10月、物価上昇を抑制し、日本資本主義の本格的復興をはかるため経済安定9原則を発表した。同原則の中では、上記のように復金債発行を通じて物価上昇の要因となった復興金融金庫の廃止、徴税強化や歳出削減による財政赤字の削減・均衡財政などが指令された。翌年2月には全米銀行協会会長のジョゼフ・ドッジを日本政府の経済顧問に据え、9原則を実施に移した（ドッジ・ライン）。

　ドッジ・ラインの下、復金融資による企業支援を打ち切り、$1＝¥360の単一為替レートによって日本企業を国際競争に晒し、自力更生による企業競争力強化を促した。また、自力更生を支援するため、労組の抑圧と資本主義的秩序の回復がはかられた。

　財閥解体の一環として1947年に制定された過度経済力集中排除法では、325の財閥系大企業の企業分割が行われる予定で、日本製鉄や三菱重工など11社が分割されたが、以後の企業分割は中止され、多くの財閥系大企業は温存された。一方、政府自ら労組指導者らを中心に指名解雇する「レッド・パージ」を進め、民間企業も含めて100万人近くが解雇される合理化が強行された。

　多くの民間企業では、労組指導者の追放によって労組の職場統制力が弱まり、経営者による経営権が確立した。さらに、日本企業の競争力向上に向けて、世界銀行からの融資、欧米の先進技術導入などが米国の後押しを受けて進められた。

③朝鮮戦争と経済復興

　ただし、民間企業の自力更生を促す緊縮政策・ショック療法によって日本経済の戦後復興が実現したわけではない。実質ベースでの日本の経済指標が戦前の最高水準を上回ったのは、個人消費支出が1953年、粗国民総支出

（GNP）が1954年、一人当たりGNPは1957年と推計されている[1]。1950年6月〜53年7月（休戦）の朝鮮戦争に伴う国連軍・米軍からの朝鮮特需によって日本経済は復興軌道に乗った。国際収支赤字が特需収入で贖われることによって日本経済は対外援助依存から脱却し、日本企業は巨額の収益を得た。また後年、高度成長の帰結として1965年に過剰生産能力の累積に伴う「構造不況」に陥った後、さらなる高度成長を続けた要因として、ベトナム戦争に伴う特需と、ベトナム周辺諸国への米国の対外援助を背景に、これら諸国に日本からの輸出が拡大したことは軽視できない[2]。

　このように、戦後日本資本主義の経済復興と成長は、「反共の防波堤」として日本の経済成長を支援した冷戦下米国の世界戦略が前提となり、朝鮮戦争やベトナム戦争など米軍の軍事行動とも関連していた点は看過できない。

（2）高度成長の展開とその要因

　GDPの支出項目別寄与度の推移を示した図1-2では、高度成長期の1950〜60年代には民間最終消費支出と民間企業設備投資の寄与度が高く、戦中・戦後の貧困水準からの生活改善と人口増に伴い増大した個人消費と、資源輸入に好都合な臨海部を中心にした新鋭重化学工業構築に伴う設備投資拡大が高度成長をリードしたことを示している。後者に関して1960年版『経済白書』が「投資が投資をよぶ」成長と表現したように、鉄鋼を含む金属や化学など素材産業を中心に、大型化設備投資が拡大して大規模な工場が建設された。工場建設のためには、多くの機械や建設資材が必要であり、こうした需要の拡大が機械工業や金属、化学など素材産業の生産拡大を促し、これら産業は設備投資を拡大した。このように、設備投資が生産拡大を招き、さらなる設備投資の拡大につながる連関が広がっていき、国内消費からは独立した巨大な生産能力が形成された。

　図1-3では、高度成長期の生産拡張は鉄鋼を含む金属、窯業・土石製品、石炭・石油製品などを合計した素材産業で際立っている。国内の鉄鋼生産を示す粗鋼生産量は、1970年代初頭に米ソ両超大国と同水準まで増加したが、

※１：溝口敏行「長期国民経済計算からみた1940年代の日本経済」（『経済研究（一橋大学）』第47巻2号、1996年）を参照。
※２：井村喜代子『現代日本経済論（新版）』有斐閣、2000年、235-247頁。

図1-2：実質経済成長率と需要項目別寄与度の推移（年度）

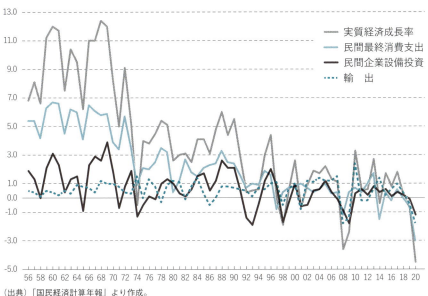

(出典)「国民経済計算年報」より作成。

1970年の粗鋼生産量約9332万トンに対して国内需要量は約6988万トンで、粗鋼生産の約4分の1が輸出されていた。このように、設備投資拡大に導かれて生産能力が拡張した素材産業は、経済成長率が減速して設備投資が抑制され、生産財への需要が縮小すれば、過剰生産能力が露わになるものと理解できる。

次に、重化学工業を主軸に日本経済が高度成長を遂げた要因について、欧米技術の導入、産業立地の優位性、労働力調達と企業間関係の3つの視角から検討する（図1-4）。

1) 欧米技術の導入

上記のように、日本資本主義の復興・成長を後押しした冷戦期の米国の世界戦略も背景に、日本企業は米国を中心とする西側先進国から当時の新鋭技術の導入をはかった。

戦後日本では、臨海部に大型高炉から製鋼、圧延に至る大規模一貫製鉄工

図1-3：鉱工業生産者出荷指数の推移（2000年＝100）

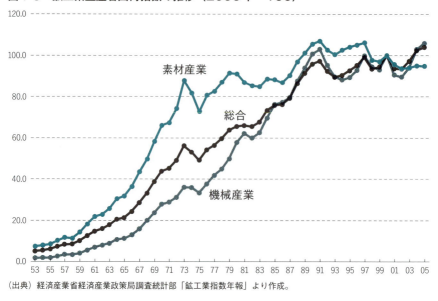

（出典）経済産業省経済産業政策局調査統計部「鉱工業指数年報」より作成。

場が建設された。高炉では鉄鉱石とコークスを高温で燃焼して銑鉄をつくりだすが、銑鉄は炭素やリン、ケイ素などの不純物を含むため、強度は得られない。そこで、熱い銑鉄を転炉に送り、転炉を回転させながら銑鉄中の不純物を酸素と反応させて取り除き、純度の高い丈夫な鋼鉄が生産される（製鋼工程）。転炉から取り出された鋼鉄は冷え固まっていくが、その過程でローラーに挟んで薄く延ばし、鋼板に加工される（圧延工程）。こうした一連の製鉄工程には欧米の新鋭技術が導入された。製鋼工程では高純度の酸素を高速度で吹き付けるLD転炉によって生産性向上がはかられた。また圧延工程では、複数のローラーを一直線上に並べて連続した加工を続けることによって、製品精度向上と低コスト化が可能となった。こうした新鋭技術の導入によって、生産能力の量的拡大とともに、高品質・低コストの鉄鋼生産が可能となった。薄くて丈夫な鋼板は、プレスをかけても折れたり破損したりせず、鉄鋼部材を用いた機械製品の軽量・小型化を可能とした。

図1-4：高度成長の要因

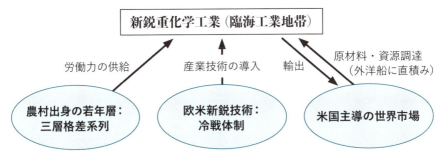

　他方、戦時中に米国で開発された真空管やトランジスタなどエレクトロニクス技術を導入した日本の電気機器メーカーは、電卓やトランジスタラジオ、テープレコーダ、テレビ受信機など製品開発を進め、先進国市場を中心に輸出を拡大させた。戦後当初は綿紡績や製糸など天然繊維を中心に生産と輸出を拡大させた繊維産業は、米国デュポン社のナイロンなど化学繊維のライセンスを得て生産能力を高め、製品多様化を進めつつ輸出を拡大させた[3]。

2）臨海工業地帯のメリット

　高度成長期に日本重化学工業が急成長を遂げた理由として、日本独特の産業立地のメリットを指摘できる。欧米からの技術導入を受けて構築された新鋭重化学工業は、1962年に閣議決定された全国総合開発計画（全総）によって推進された埋立地を中心とする臨海工業地帯に形成された。臨海部の工場では、海外からの輸入資源を外洋船で直接運び込み、製品も外洋船に載せて国内外に販売できる。新鋭設備を導入して大規模一貫製鉄工場が形成された臨海製鉄所では、大量の鉄鉱石と石炭・コークスを外洋船で搬入し、高炉から転炉、圧延工程を経て鉄鋼製品として、また近隣の臨海部に立地した造船や自動車など機械産業の原料として販売され、直接輸出できた。鉄鉱石資源に乏しい日本製鉄業は、戦前から鉄鉱石輸入を前提し、戦後は石炭・コークスも輸入に依存し、輸送コストを節減できる立地のメリットを活かして、大量生産と販売、輸出が可能になった［コラム01を参照］。

※3：井村前掲書、162-172頁を参照。

臨海工業地帯の優位性

COLUMN **01**

　日本の臨海工業地帯に対して、19世紀以来の欧米先進国の工業地帯、とりわけ製鉄所は、ドイツのルール炭田近くのルール工業地帯や、米国ではアパラチア炭田に近い中西部など内陸部に形成された。鉄鉱石はドイツではロタール山地や独仏国境のロレーヌ鉱床から、米国ではスペリオル湖沿岸のメサビ鉄山などから調達した。20世紀後半には、これら国内産石炭や鉄鉱石は枯渇し、LD転炉にはブラジル産とオーストラリア産鉱石が適しているため、欧米各国でも資源輸入が不可欠となった。欧米の内陸立地の製鉄所が鉱石や石炭を輸入する際には、ルール工業地帯にはライン川河口のユーロポートで外洋船から川船に積み替えてライン川を遡上して運び込む必要があり、米国ピッツバーグの製鉄所にはセントローレンス河口で外洋船から川船に積み替え、セントローレンス川を遡上して五大湖沿岸で陸揚げして輸送する必要がある。製品輸出も同様に川船で河口まで運び、外洋船に積み替える必要があり、日本の臨海工業地帯は輸送コスト面でのメリットが大きい[1]。

★1：久保新一『戦後日本経済の構造と転換』日本経済評論社、2005年、32-34頁；根岸裕孝『戦後日本の産業立地政策─開発思想の変遷と政策決定のメカニズム─』九州大学出版会、2018年、40-56頁などを参照。

図1-5：三層格差系列（賃金水準は1960年）

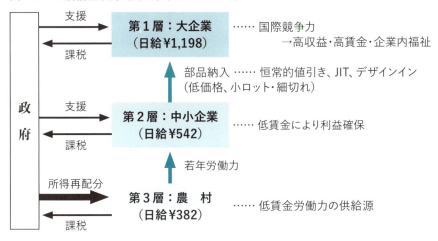

3）勤勉な若年労働者の豊富な供給──なぜそれが可能になったのか？

　日本の急速な重化学工業化は、豊富で勤勉な若年労働力によって支えられた。高度成長期日本の人口構成は、1947〜49年生まれの第1次ベビーブーム世代を中心に若年層の構成比が高かった。しかも、中・高卒者を中心に農村出身の大量の若年労働者が工業地帯や都市部に移動し、重化学工業化に伴う新たな職種に対応し、長時間・過密労働も甘受する勤勉な労働力として経済成長の推進力となった。こうした大量の労働力移動と、勤勉な労働者排出が可能になった要因として、日本社会に内在した三層格差（図1-5）が指摘できる。

①大企業と「日本的労使関係」

　日本では現在に至るまで、大企業と中小企業との間には労働条件、利益水準など大きな格差があり、中小企業の多くは大企業の下請企業として生産性向上やコスト削減に協力を強いられる関係にある。大企業では、こうした下請企業の協力を得て国際競争力を強化し、利益を拡大、比較的恵まれた労働

条件が保障されてきた。

　日本の大企業では、ブルーカラーも含めた男性労働者の多くはいわゆる正社員とされ、新卒一括採用から定年年齢まで長期雇用される「終身雇用」、勤続年数に応じて昇給する年功賃金が保障され、企業別労働組合に所属した。多くの男性正社員は、社内で様々な職種を経験して昇格・昇進し、勤続年数に応じて昇給する年功賃金が家族の生活費を支えた。ただし年功賃金は、勤続年数に応じて一律に昇給する「年功序列賃金」ではなく、上司による人事考課によって昇給幅は異なり、人事考課は昇格・昇進にも反映された。一方、「男社会」であった当時の企業社会では多くの女性労働者は結婚を機に「寿退社」を迫られ、昇給・昇進をはかる夫が仕事に専念できるように、家事・育児を中心的に担う、という男女役割分担ないしジェンダー格差が前提されていた［コラム02を参照］。

　このように、大企業労働者については生活保障が一定程度機能したが、大企業の収益は中小下請企業の協力・犠牲を通じて増大した点は否定できない。

②下請・中小企業

　自動車や電機産業などでの下請関係は、部品メーカーが完成品メーカーごとの系列に編成された。下請企業側が顧客を選べない需要独占のため、元請側の支配力が貫徹しやすく、下請関係は1次、2次、3次と重層的に編成された。価格、納期、ロットなど取引条件において、元請企業が下請企業に対して有利な決定を強い、元請が負担すべき在庫管理、輸送などの費用負担が事実上、下請企業に転嫁され、元請企業が収益を拡大することができた。こうした負担に耐えて下請企業が存続・成長し得たのは、重層的下請の下層になればなるほど賃金水準も低水準となる規模別賃金格差に拠るものであった。

③低賃金労働力の供給源＝農村

　こうした賃金水準の低い中小・零細企業の労働者が低賃金に耐え、勤勉に就労した理由は、零細企業を下回る貧困水準にあった農村からの若年労

日本的労使関係、ジェンダー格差そして少子化

COLUMN 02

　当時の女性労働者について、結婚退職や若年定年制が就業規則に明記された企業も多く、男女役割分担を前提に、父親の年功賃金が一家の生活保障を支えた。しかも昇給幅は協調性・責任感など情意考課も含んだ人事査定によって決定されたため[1]、男性労働者は家族の生活向上のために「自発的」に「会社人間」とならざるを得ず、男女役割分担の固定化にもつながった。例えば「家事分担のために、残業はせずに帰宅します」という労働者の言動は、協調性や責任感などの評価項目にマイナスに影響するため、男性労働者の多くは家庭より仕事を優先せざるを得ない。さらに、公営住宅が少なく持ち家取得支援を中心とする住宅政策、公的支出が乏しく学費の家族負担を強いる教育政策の下、住宅や教育など基礎的生活保障のための条件が、父親の査定昇給、すなわち企業の労務管理に組み込まれたことを意味している[2]。このように日本では、住宅や教育の私事化が当然視されるようになり、住宅ローンを通じた住宅購入が一般化し、高校・大学学費の家計負担が高められた。こうした社会条件は事実上、年功賃金の得られる正規雇用者が家族の生活を支えることを前提して成り立っていることから、「終身雇用」や年功賃金から排除された、職場社会における「負け組」は家族を養うだけの収入を得られないことを意味する。第2章で明らかにするように、1990年代以降に安定雇用・年功賃金が保障されない非正規雇用者が拡大する中でも、上記のような住宅・教育政策が基本的に維持されてきたため、非正規雇用者を中心に未婚と少子化が拡大し、今日の深刻で不可逆的な人口減少につながったことは明らかである。

★1：木元進一郎『能力主義と人事考課』新日本出版社、1998年；黒田兼一『戦後日本の人事労務管理—終身雇用・年功制から自己責任とフレキシブル化へ—』ミネルヴァ書房、2018年などを参照。
★2：渡辺治『「豊かな社会」日本の構造』旬報社、1990年；小熊英二『日本社会のしくみ—雇用・教育・福祉の歴史社会学—』講談社、2019年などを参照。

働者の流入であった。1960年代は毎年、80万人前後の農村出身新卒者が就職したが、そのうち約30万人が製造業、約15万人ずつが商業とサービス業に就職した。1960年の製造業の常用雇用者賃金（日額）は企業規模500人以上での1198円に対して、5〜29人の小規模企業では542円と半分以下であるが、全国農家平均農業所得は525円、農業雇用賃金は382円に過ぎず、賃金・収入格差が農村人口の都市・工業への移動による若年労働力供給を促進した。大企業と中小企業との二重構造のさらに下、第三層をなす農村の貧困が、豊富で勤勉な労働力の給源となったのである[4]。なお、こうした農村からの大量の労働力供給が労働コスト削減を可能とし、輸出依存的成長の推進力となった点は、日本とともに韓国、中国など東アジア稲作地帯に特有の社会的条件に規定されていたと捉えられるが［コラム03を参照］、今日のこれら諸国での顕著な少子化に帰結した。

　このような農村出身の大量の低賃金労働力の供給は、本章および次章で明らかにするように、労働力再生産への配慮が軽視され、労働コスト削減の推進によって少子化・人口減少に帰結した要因となった。欧州福祉国家では、教育や住宅など人々の生活保障、そして労働力再生産の条件が脱市場化され、公的関与の下で保障される条件が整えられていった。しかし、日本をはじめとする東アジア諸国では教育や住宅への支出が私事化され、労働力再生産がもっぱら家族に委ねられ、公的社会支出が低水準にとどめられてきた。コラム02で述べたように1990年代以降、日本では非正規雇用が拡大したにもかかわらず、生活保障が労務管理に組み込まれ、企業社会における「負け組」は生活保障を享受できない社会条件が改められなかったため、著しい少子化・人口減少が進んだ。一方、日本と同様の歴史的条件と輸出依存的成長を遂げた韓国や台湾、中国も、日本と同様、さらにそれ以上の少子化問題に直面している点は看過できない。

　このように、素材産業の巨大な生産能力が形成された高度経済成長は、アジアでの「反共の防波堤」として日本資本主義の復興・育成をはかる冷戦下米国の世界戦略を条件としつつ、政策的対応も背景とする臨海工業地帯の形

※4：二瓶敏「ポスト冷戦期の日本資本主義」（大西勝明・二瓶敏編『日本の産業構造』青木書店、1999年所収）、7-11頁を参照。

東アジア稲作地帯の農村人口

COLUMN 03

　日本、韓国、中国など東アジア諸国については、農村からの大量の若年労働力供給が輸出産業の労働コスト削減に寄与し、輸出依存的成長の推進力となったという共通点がある。稲作経営が中心の東アジア諸国では、近代化以前の近世段階において、小家族による独立した農業経営が主流になり、新田開発など耕地拡大も寄与して人口増が実現していた。日本では江戸時代前期、17世紀初めの1500万人前後から18世紀前半には3000万人前後へと人口が増加した。また、朝鮮でも16〜18世紀にかけて、中国でも清朝最盛期の17世紀後半から18世紀にかけて顕著な人口増がみられ、中国の場合には1700年頃の約1.5億人から1800年頃には約3.5億人まで増加したと推計されている。

　こうした近世における人口増は、水田稲作農業特有の生産力にも起因する。畑作小麦の種1粒当たり収穫量は今日でも15〜25粒程度、ヨーロッパ中世では10粒未満であったと言われる。一方、日本における水田稲作の種籾1粒当たり収穫量は奈良時代でも100粒程度、江戸時代には200粒程度、現在は400〜600粒と言われる。こうした稲作の生産力は、施肥や品種改良に加えて、田植えや草取りなど労働集約的作業によって支えられてきた。

　戦後、化学肥料や農薬の普及、機械化によって稲作労働の大幅な合理化が進んだことで農村労働力は過剰化し、重化学工業化を支える若年労働力の排出が可能になった。とりわけ、田植え機とコンバインの開発による田植え・収穫の機械化、除草剤の普及による草取りの省力化が稲作作業の合理化に決定的な役割を果たした。

成や、貧困な農村を基底とする三層格差に基づく若年労働力供給という独自の条件によって可能になったのである。

2. 輸出依存的成長と「経済大国」化

1970年代前半、固定為替相場制から変動為替相場制への国際通貨体制の変容を契機に高度経済成長は終焉を迎えた。その後、先進各国では不景気と物価上昇が併存するスタグフレーション、また企業収益の悪化・低迷が続いた。日本経済は1970年代半ば以降、輸出主導的成長によってこうした低迷をいち早く脱し、1980年代には「経済大国」となった。

（1）ニクソンショックと高度成長の終焉

①ニクソンショックと変動相場制移行

高度成長期日本の重化学工業の急発展は、同様に復興・成長した欧州産業とともに、米国の貿易黒字の縮小を招いた。日本の対米貿易は、1965年を境に赤字基調から黒字基調に転じた。また、米国企業の多国籍的展開、ベトナム戦争を含む米国政府の対外支出・対外援助の拡大によって、米国の国際収支の赤字、在外ドル残高が拡大した。

1944年に締結されたIMF協定では、米国当局は各国通貨当局に対して1オンス＝＄35で金・ドル交換に応じることが定められていた。こうした金の裏付けがあったために米ドルの通貨価値は信任され、基軸通貨として国際取引に用いられるとともに、各国通貨価値のドルに対する固定為替相場制が維持されていた。しかし1960年代、膨大に膨れ上がった在外ドル残高は米国当局が保有する金残高を上回り、金・ドル交換に応えられない事態が懸念される「ドル危機」を招来した。

ドル危機を回避するために米国当局は、海外投資規制や国内金融引き締め

によるドルの流出抑止策を採る必要が生じたが、こうした措置は米国内景気にマイナスに作用する。1971年8月、ニクソン大統領は一方的に金・ドル交換停止を宣言し、外国為替市場では金の支えを失ったドル売りが殺到した。主要国は固定相場制を維持するためにドル切下げを含む国際通貨調整を試みたが、金・ドル交換による制約が解かれた米国当局は金融緩和を続けて国際収支赤字も拡大した。こうして、巨額のドル売りに直面した各国通貨当局は固定相場でのドル買い・自国通貨売りを続けられず、1973年にかけて次々と変動相場制に移行した。

②石油ショックとその背景

第1次石油ショックは、1973年の第4次中東戦争に際して、アラブ産油国がイスラエルを支援する欧米諸国への原油輸出禁止、ないし原油価格引き上げを行った「石油戦略」を直接のきっかけとした。ただし、変動相場制移行後のドルの減価が、ドル建てで取引される石油収入の実質的目減りを意味していたため、産油国がこの目減り分を回復させるために原油価格引き上げをはかった、という経済的要因も無視できない[5]。

石油ショックに伴う原油価格上昇は、とりわけエネルギーの中東産原油依存度の高い日本経済に深刻な影響を及ぼした。

③「調整インフレ論」と「狂乱物価」

日本国内では「調整インフレ論」も議論された[6]。これは、米国の金融緩和・物価上昇に起因する円高ドル安に対して、日本でも金融緩和・円供給量拡大によって物価上昇を甘受しつつ円高を抑制しようとする考えだ。つまり、調整インフレ論とは、物価上昇により人々の生活に犠牲を強いる一方で輸出産業の利益を優先することを意味する。

調整インフレ論も背景に金融緩和を続けた日本では、1973年の第1次石油ショックを経て、1974年に消費者物価上昇率が24.5％に達する「狂乱物価」と言われた激しい物価上昇が現出した。政府はインフレ抑制のために総

※5：北村洋基『〔改定新版〕岐路に立つ日本経済』大月書店、2010年、34-36頁。
※6：井村前掲書、305-307頁。

需要抑制策に転じたために景気は急速に悪化し、1974年度の実質経済成長率は戦後初のマイナスとなって、高度経済成長に終止符が打たれた。

このように、金・ドル交換停止に伴う変動相場制移行と円高、エネルギーの中東原油依存の下での石油ショックは、先進国の中でも日本産業の競争力を弱め、高度成長の終焉に帰結した。先進各国は1970年代、物価上昇と不況が併存したスタグフレーションの下、とりわけ欧米企業は物価上昇に伴う賃上げ圧力も受けて「収益性危機」[7]に陥った。

(2)「減量経営」と輸出依存的「経済大国」化

①日本の輸出依存的「経済大国」化

日本経済はスタグフレーションをいち早く脱し、先進国の中で例外的高成長を遂げた。1970年代後半、80年代前半および同後半の実質経済成長率平均は、米国が3.7%、3.1%および3.3%、欧州主要5か国が2.8%、1.7%および3.0%だったのに対して、日本は4.4%、3.2%および4.8%と高く、一人当たりGDP（名目ベース）は80年代後半には米国水準を上回り、「経済大国」化を達成した。

1970年代半ばから1980年代前半にかけての日本経済の成長要因について、図1-2のGDPの支出項目別寄与度をみると、高度成長期に比較して設備投資の寄与度が低下した一方で、輸出の寄与度が高まり、輸出依存的成長を遂げたものと捉えられる。また、1970年代後半および80年代前半における実質輸出総額の増加に対する産業別寄与率を算出すると、電機産業と自動車産業の合計で両期間とも8割程度を占め、両産業が輸出拡大の中心であったことが明瞭である。

図1-3の産業別出荷指数の推移では、高度成長終焉後の1970年代から1980年代に素材産業は横ばいであるが、一般機械、電気機械、輸送機械を含む機械産業が伸びを続けており、成長の中心が素材産業から機械産業に移っている。

※7：「収益性危機」に関する理論的検討として、松橋透「「収益性危機」と「利潤率の傾向的低下法則」」（本間要一郎・富塚良三編『資本論体系5　利潤・生産価格』有斐閣、1994年所収）を参照。

②「減量経営」でのコストダウンの徹底

　このように、電機・自動車両産業が輸出依存的「経済大国」化の主軸となったが、円高とエネルギーコスト上昇の下で、いかに輸出拡大を実現させたのであろうか。国内外の研究者がこの時期の日本産業の競争力について研究を重ねたが、日本特有の経済・社会制度と、高度成長期に形成された日本的経営を基盤に、徹底的にコストダウンをはかった「減量経営」によって競争力強化が実現し、輸出拡大が可能になったことが明らかにされた[8]。

　高度成長期に形成された日本的労使関係では、情意考課も含む人事査定に基づいて昇給額が決定され、それが家族の生活条件を規定するため、多くの労働者は「会社人間」となり、自発的な労働強化を強いられた。電機・自動車など機械産業では、日本独自の職場編成と企業間関係もコストダウンと生産性向上に大きな役割を果たした。

1) 人員の「減量」化

　日本の機械産業の製造工程では、1人1作業を担う単能工を基本にしたフォードシステムに代表される欧米企業の生産ラインとは異なり、複数の作業を担当できる数人の多能工によるチーム（班）作業が一般的である。生産量を減少させる場合、1人1作業の生産ラインでは作業員を減らせず、ベルトコンベアの速度を落として対応せざるを得ないが、チーム作業では一部人員を別ラインや別職種に配置転換[9]するなど柔軟な人員配置を通じて生産性を維持できる[10]。特定作業の機械化についても、1人1作業の欧米企業では当該作業を行う労働者の雇用を奪うことから労組の反発を招いたが、日本ではチームの作業軽減につながるために労組の反対を招くことなく自動化・生産性向上が進んだ。

2) 賃金の「減量」化

　賃金決定においても、個人を対象とする人事考課に加えて、チームごとの生産効率・成果が賃金水準に反映された。こうした賃金決定は、チーム内での協力、とりわけ若手作業者の技能形成への教育・支援（OJT）を促すとと

※8：エズラ・F・ヴォーゲル（広中和歌子・林彰子訳）『ジャパンアズナンバーワン―アメリカへの教訓―』阪急コミュニケーションズ、1979年；丸山惠也『日本的経営―その構造とビヘイビア―』日本評論社、1989年などを参照。

もに、「QCサークル」などを通じて、生産性向上のための作業手順見直しや装置の配置換え、ポカヨケの設置、さらには生産しやすい形状への図面変更など、現場が主体的に行う「カイゼン」提案にもつながった。こうした現場の提案が採用された背景として、日本企業に独特な職場権限の問題も見逃せない。

　欧米企業では研究開発技術者と現場作業者との権限は厳然と区別され、現場の提案を受けて技術者が生産方式や設計図面の変更に応じることはあり得ない。日本では、職種横断的な企業別労組に編成された従業員間の関係はよりフラットで、現場からの要望に応えて技術者が図面変更に応じることも多く、技術者と現場が一体感をもって生産性と品質の向上に取り組んだ。ただし、このように一見、自発的に行われている「カイゼン」活動は、ライン速度を規定する基準作業時間の算定にあたり、余裕時間や余裕率が考慮されず、熟達した作業者の最短時間が基準とされ、予定稼働時間に作業を終えるために現場監督者が改善活動に入らざるを得ない、という形で現場を「困らせる仕組み」[11]によっても促された。

3) 下請けへのコスト転嫁による「減量」化

　「減量経営」では下請企業への負担転嫁も通じて、コストダウン・生産性向上が実現した。トヨタ自動車は、下請け部品メーカーに対して納期と受注量を示し、必要な時に必要な数量のみ小ロット・細切れで納品を受ける「かんばん方式」を通じて、在庫管理コストを削減した。このように、元請け側は必要な時に必要な数量の部品をジャストインタイム（JIT）で調達できるが、小ロット・細切れ納入を強いられる下請け側は在庫管理コストや輸送コストの負担を強いられるものと捉えられる。

　また新製品開発にあたっては、部品の価格決定より前にサプライヤーが決定され、自動車メーカーと部品サプライヤーが協力して製品開発を行う中で、メーカー側がサプライヤーの「生産工程や生産技術、あるいは材料や機械選択などの分野で購買管理や生産技術の人間を派遣し、指導・協力を行って経営内部に踏み込むという形で進められ」[12]た。さらに、「日本の自動車産業

※9：職種別でなく企業別労組によって労働条件が職種横断的に決定される日本的労使関係において
　　は、企業内で異なる職種への配置転換がしやすい。
※10：丸山惠也『日本的生産システムとフレキシビリティ』日本評論社、1995年。
※11：野村正實『トヨティズム』ミネルヴァ書房、1993年、41頁。

図1-6：減量経営

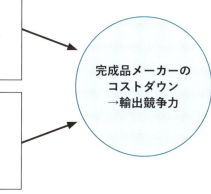

では第一次石油危機以降、半年に一度の定期的な値引きが半ば習慣的に行われ」[※13]るようになった。

このように、輸出依存的「経済大国」化の主軸となった機械産業では、高度成長期に形成された労働者支配・下請企業支配を前提する日本的生産システムを前提に、「減量経営」を通じてコストダウンを実現することで（図1-6）、円高とエネルギーコスト上昇という不利な条件においても国際競争力を高め、輸出拡大を遂げることが可能になった。

(3) 産業競争力を支えた国家支援

①ME（マイクロエレクトロニクス）化への政府支援

日本の輸出産業の技術形成に関して、国家支援の役割は見過ごせない。1976年に通産省（当時）は、富士通・日立・三菱電機・日本電気・東芝・電電公社と協力して超LSI技術研究組合を設立し、最先端のIC部品の量産化に向けた研究開発を主導した。

量産が可能となったIC部品を搭載した各種電気機器はME（マイクロエレク

※12：久山昇「自動車産業の進出と国際的再編」（『経済』1988年2月号）、162頁。
※13：清晌一郎「価格決定方式の日本的特質とサプライヤーの成長・発展」（関東学院大学『経済研究所年報』第13集、1991年）、54頁。なお、自動車産業における企業間取引関係については、同「系列・下請取引の経済効率性と支配・従属関係」（『経済系』第189集、1996年）も参照。

トロニクス）機器と言われ、自動制御機能の装備とともに小型化・軽量化・低廉化によって、カラーテレビやVTR、エアコンなどを中心に日本製品の競争力強化に貢献した[14]。カーエアコンやカーステレオなどME機器の自動車への搭載も進み、自動車の輸出拡大にも寄与した。

自動制御技術はNC工作機械や産業用ロボットなど生産工程にも活用され、上記のように労組の抵抗がなく機械化・自動化が進んだ日本企業では、ファクトリーオートメーションの進展によって合理化、生産性向上が進んだ。

②過剰生産能力の計画的な調整

一方、高度成長の終焉とともに不況業種となった素材産業については、政府が過剰生産能力の処理を支援した。1978年に特定不況産業安定臨時措置法（特安法）が制定され、不況業種に指定された鉄鋼、造船など重厚長大型産業では、企業間で計画的に生産数量を調整するカルテルの締結が容認されたほか、過剰設備を処理する場合には税制・金融支援が講じられ、不振企業の経営破綻を回避しつつ計画的に生産能力が調整された。

あわせて、公共事業や企業誘致、中小企業融資を通じて不況業種に依存した地域経済への支援をはかる特定不況地域中小企業対策臨時措置法、失業者の生活安定と再就職支援をはかる特定不況業種離職者臨時措置法も制定され、関連中小企業や地域経済、労働者への負の影響を緩和する政策的手段が講じられた[15]。

このように経営破綻の防止とともに地域経済や雇用への影響にも配慮されたこの時期の計画的な産業調整政策は、産業競争力の観点からは、過剰処理に伴う人材と技術の流出が抑制され、高度成長期に培われた素材産業の技術が、1970年代以降の輸出と成長の主軸となった機械産業の競争力強化に結び付くことを可能にしたと捉えられる。

具体例をあげれば、上記のようにプレスしても欠けない、薄くて丈夫な日本メーカーの鋼板は、日本製自動車の軽量化・低燃費化に大きく寄与した。これに対して、第3章で明らかにするように、不良債権の直接処理によって

---

[14]：柿崎繁「ME技術革新と「経済大国化」」（吉田三千雄・藤田実編著『日本産業の構造転換と企業』新日本出版社、2005年所収）。
[15]：北村前掲書、59-66頁を参照。

企業の経営破綻や分社化・雇用リストラを伴い、結果的に人材とともに産業技術の社外・海外流出につながった2000年代における新自由主義的産業調整は対照的帰結をもたらした。

3.「経済大国」化と日本経済・社会の歪み

　以上のように、冷戦下での高度成長、さらに輸出依存的成長を経て、日本は1980年代後半に「経済大国」化を達成した。ただし、こうして実現した「経済大国」日本は、他国に類を見ない特質と、今日の日本社会を覆う諸問題につながる歪みを抱え込んだ。

（1）外需依存の必然化と脆弱性

①労働生産性向上と「生産と消費の矛盾」

　「経済大国」日本の輸出依存的成長のあり方は、一国経済的にみると、「生産と消費の矛盾」（図1-7）の拡大を常に随伴した。「減量経営」では、雇用の抑制と長時間労働、下請単価切下げを含む中小下請企業の犠牲によるコストダウンが進んだが、1975年から1985年の電機・自動車産業の国内生産と従業者数の推移を示した図1-8では、国内生産が自動車で2倍強、電機で4倍弱に拡大した一方、従業者数の伸びは自動車が1.2倍、電機が1.5倍ほどである。単位生産量当たり労働コストの大幅な削減、すなわち労働生産性向上が実現したが、その内実は長時間・過密労働など労働者の負担を伴った。

　生産拡大に比した雇用抑制は、内需の伸びが供給拡大を下回ることを意味し、販路として輸出依存が必然となった。自動車産業では、国内生産台数が1974年度の約400万台から1980年度に約600万台、1985年度に800万台近くまで拡大したが、国内販売台数は250〜300万台で推移し、国内生産台数全体に占める輸出依存度は40％弱から60％超へと増大した。こうした

図1-7:「生産と消費の矛盾」と外資依存の必然性

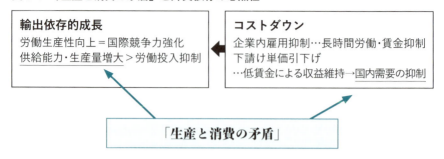

輸出産業の成長が系列・下請関係を通じて国内生産と雇用の増加につながり、これら関連産業での所得増が内需拡大を通じて他産業の成長に波及した。

このように、輸出依存的「経済大国」化を遂げた日本は、産業・経済、さらに政治的にも海外からの影響に対する脆弱性を決定づけられた。米国発金融危機に由来する2008-09年世界不況では、日本の金融機関への影響は軽微であったが、日本の経済成長率は米国を上回る落ち込みを示した。また輸出先、とりわけ米国市場確保の観点から、米国政府の要求に逆らい難く、輸出産業支援の視点からも政治的対米従属につながったと捉えられる。

② 「コストカット経済」の定着

他方、輸出産業にとって国内顧客の比重が小さいことは、ためらいなく労働コスト削減を追求する要因となった。国内向け販売の比重が大きい産業にとっては、雇用や賃金の削減が国内顧客の所得低下を通じて売上低迷につながるため、大幅な人件費削減をためらう要因となる。このように、各企業のコスト削減による賃金の抑制が産業全体の売上減退につながることを、ケインズは「合成の誤謬」と呼んだ。しかし、海外市場への販売を中心とする日本の輸出産業は、こうした「合成の誤謬」を意識することなく、雇用や賃金の抑制、下請単価切下げなどコストダウンに邁進でき、「コストカット経済」

図1-8:電機・自動車産業の生産額と従業者数（1975・80・85年）

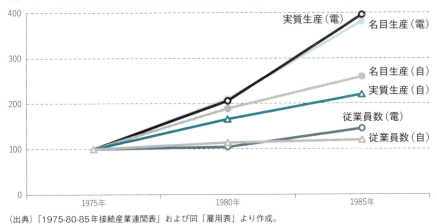

(出典)「1975-80-85年接続産業連関表」および同「雇用表」より作成。

(岸田前首相)の追求を続けたのである[※16]。

(2) 産業・貿易構造の偏倚

　1節で述べたように、日本の重化学工業は、資源輸入を前提に臨海工業地帯に形成され、製品輸出にも有利な立地条件を備え、1970年の段階で国内粗鋼生産の販路の4分の1を輸出が占めた。戦後の重化学工業は当初から、国内需要への応答よりも世界経済とのつながりが深く、高度成長の終焉によって内需が設備投資需要を中心に停滞・減退したために過剰生産能力が顕在化し、輸出に捌け口が求められた。

①食料・エネルギーの輸入依存

　高度成長期には、国内で産出する石炭から中東産を中心とする石油へのエネルギー転換も進み、資源エネルギー庁「総合エネルギー統計」によると、エネルギー自給率は1960年58.1％から1970年15.3％、1980年には12.6％まで低下した。
　戦後、米国は農業生産力向上と農業保護政策によって小麦を中心に過剰農

※16：拙著『現代日本再生産構造分析』日本経済評論社、2013年、第2章を参照。

産物を抱えていたことから、日本への余剰農産物の売り込みがはかられた。欧米型食生活を宣伝するキッチンカーが日本中を回り、「コメを食べるとバカになる」と述べた本まで出版され、食生活の欧米化が進み、米の消費額低下と小麦輸入の増大が続いた[17]。

1961年に制定された農業基本法では、日本農業が稲作とともに、「選択的拡大」をはかる品目として、酪農・養豚・養鶏・野菜・果物があげられたが、それ以外の品目は「選択的縮小」、すなわち輸入拡大を容認することを意味した[18]。とりわけ、小麦や飼料穀物を中心に輸入が拡大し、図1-9に示したように、熱量ベースの食料自給率は1970年60％、75年54％に低下した。

②産業・貿易構造の偏倚

高度成長終焉後の日本の「経済大国」化は、電機・自動車産業の輸出拡大によって可能となった。一方、日本から大量の自動車・電機製品が輸出された欧米市場では、高品質・低価格の日本製品で溢れたことから、日本からの

図1-9：日本の貿易動向と産業構造の歪み（億円／％）

（出典）各年の産業連関表、「農業白書付属統計表」より作成。

※17：鈴木宣弘『世界で最初に飢えるのは日本』講談社、2022年、74-80頁を参照。
※18：田代洋一『日本に農業はいらないか』大月書店、1987年、18-23頁を参照。

「集中豪雨的輸出」と言われた。こうした日本製品の大量流入が現地企業の収益を大きく圧迫したため、日米・日欧間で貿易摩擦問題を引き起こした。

米国政府は、貿易不均衡是正のために日本の農産物輸入自由化を迫った。農産物総輸入額に占める自由化品目の輸入額の割合を示す自由化率は1971年に94.8％に達していたが、1970年代にぶどう、リンゴ、ハム、ベーコンなど、1980年代にプロセスチーズ、トマトケチャップなど、1990年代前半には牛肉、オレンジなどの輸入が自由化され、図1-9で食料自給率は1990年以降、50％を下回っている。

こうして図1-9に示したように、食料・エネルギー・資源を輸入に依存しつつ、機械・金属の貿易黒字でそれを賄う貿易・産業構造が定着した。日本では、2023年度の熱量ベースの食料自給率は38％、2021年のエネルギー自給率は13％と先進国の中では韓国とともに異例の低さとなり、昨今、喧伝されている「台湾有事」が現実化して輸入が途絶した場合には、たちまち飢餓とエネルギー不足に陥ることが予想される。図1-9では近年、機械・金属産業の輸入額の増加によって貿易黒字が縮小し、食料・エネルギー・資源の貿易赤字を下回り、貿易収支総額が赤字に陥っている。機械・金属産業の国際競争力低下の要因については第3〜4章で検討するが、「有事」が起こらなくとも、序章で確認した日本経済の国際的地位低下、すなわち日本国内の購買力の相対的低下、また貿易赤字にも起因する円安の進展によって、国際市場での食料やエネルギーの「買い負け」や、国内での食料・エネルギー価格高騰も懸念される。実際に2022年以降、食料とエネルギーを中心とする物価上昇によって実質賃金の低下が続き、2024年夏には米価高騰も発生したが、こうした事態の根因は、高度成長期以来の日本の産業・貿易構造の偏倚にあると考えられる。

③円安志向の定着──輸出産業の既得権益化

輸出依存的「経済大国」では、電機・自動車など機械産業がリーディング産業となり、経済政策もこれら輸出産業の利害が優先され、一種の既得権益

図1-10:「経済大国」日本の貿易・産業構造

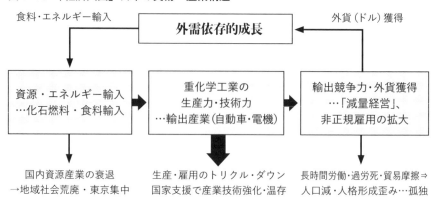

となった。今日でも、輸入物価上昇を通じて人々の生活を圧迫している円安が進むほど日経平均株価が上昇し、第3章で検討する2010年代の「アベノミクス」でも、1970年代前半の「調整インフレ論」と同様に物価上昇と円安が志向された。

　円安は、輸出産業の円建て売上増につながる一方、輸入物価上昇に伴う国内購買力低下が内需抑制を招き、輸出産業に代わる新たな産業の族生を制約する要因となる。こうして、既得権益化した輸出産業の利害を優先する政策的円安誘導によって産業転換が妨げられ、日本産業の中長期的発展が阻害された[19]。

　こうした外需依存的「経済大国」日本の貿易・産業構造を図1-10にまとめたが、40年以上続いてきた成長のあり方は人々、そして社会全体の意識を決定づけ、円高を忌避して円安を望む認識など、輸出産業の利害を自らの利害に、さらに「国益」に結びつける考えが広がっている。国際競争力強化という輸出産業の意図が人々の生活や価値観まで浸透し、日本社会に様々な歪みをもたらした。

---

[19]:野口悠紀雄『円安と補助金で自壊する日本』ビジネス社、2022年などを参照。

（3） 地域社会の荒廃

　輸出依存的成長に伴う地方衰退と人々の共同性の喪失が、地域社会の存立を脅かしている。食料・エネルギーの輸入依存は、農林漁業を含む国内資源産業の衰退を招き、重化学工業のための労働力の給源となった農村は、高齢化・過疎が進んだ。

　豊かな自然と共存・共生しながら営まれてきた生業では生活保障が困難となり、人々は輸出産業を中核とする階層的な企業社会の中に取り込まれ、労務管理の下で競争を強いられるようになった。伝統社会の基盤であった村落が破壊され、人々の共同性は失われていった。そして、地域社会の共同性によって維持されてきた農地や農業施設を含む生産の条件、また人々の協力や互助を通じて保たれてきた生活の条件が失われ、地方での生活を一層困難にしている。

（4） 人口の再生産の困難

①東京一極集中と人口減少

　このような社会の荒廃とともに、「経済大国」日本は人々の生活に様々な困難を及ぼし、近年では人口の再生産も不可能な状況を現出させている。農業の衰退と農村の解体、その対極としての東京一極集中は、人口構成に著しい歪みを生じさせている。

　農村や地方都市では近年、高齢者人口も減少し、医療・介護分野も含めて雇用の場の喪失がさらなる人口流出を招き、地域社会の存続が危ぶまれる状況に至っている。仕事を求めて若年層が流入している東京など都市部の出生率は低く、日本全体の少子化・人口減少を促進している[20]。

②企業社会と人口減少──労務管理に従属した生活保障

　日本的労使関係では、査定昇給が前提された年功賃金が家族の生活費の根

───────────────────────

※20：増田寛也編著『地方消滅』中央公論新社、2014年。

幹となり、教育や住宅など生活保障が労務管理に組み込まれてきた。多くの労働者は、家族の生活向上のために「会社人間」となることを強いられ、情意考課を含む属人的評価を甘受し、過剰なストレスの下で長時間・過密労働を行ってきた。こうした日本独自の労務管理・労使関係が過労死や過労自殺、精神疾患を生み出した[21]。また、こうしたストレスの下で競わされている人々の中で、ストレスの捌け口を「弱い者」に向けるハラスメント体質が醸成され、いじめの恒常化・構造化にもつながった。さらに、こうした日本企業の労務管理のあり方は学校教育にも影響を及ぼし、子ども・若者の多様な価値観や批判的思考力の育成を阻むことにつながり、今日の日本の産業競争力に負の影響を及ぼしていると考えられる［コラム04を参照］。

　労務管理である以上、「負け組」が発生してこそ、その機能が発揮されるが、「負け組」は家庭を持ち、家族を養っていけないことを意味する。次章で検討するように、日本経済が長期不況に陥り、低賃金のアジア諸国との競争に直面した1990年代以降、国際競争力の維持・強化のために非正規雇用が増大したが、雇用の安定と年功的昇給を得られない非正規雇用者を中心に未婚率が高まり、少子化・人口減少が進むことになった。

　人口維持に必要な合計特殊出生率（人口置換水準）は2.07程度であるが、日本の合計特殊出生率は、「減量経営」が推進された1970年代半ばにこの水準を下回り、2023年の1.20に至るまで低下が続いた。輸出依存的「経済大国」としての日本経済は、国内における人口の再生産とは両立し得ない、と言っても過言ではない。

（5）共同性の喪失と孤立・孤独の広がり

　父親の年功賃金を柱に家族の生活が保障される社会のあり方は、子育てや介護、看護など様々なケアが家族、とりわけ女性の責任に帰せられる傾向を生んだ。都市に移住した農村出身者は地域社会に存在していた共同性から切り離され、都市や農村を問わず地域における共同性自体が希薄化していく中で、家族の責任が強く意識されるようになっている。上記のような生活保障

※21：森岡孝二『企業中心社会の時間構造—生活摩擦の経済学—』青木書店、1995年；同『働きすぎの時代』岩波書店、2005年などを参照。

「経済大国」日本と人格形成の歪み

COLUMN **04**

　輸出依存的「経済大国」のあり方は、教育にも影響を及ぼし、次世代を担う人々の価値観と人格形成を歪め、翻って今日の日本の産業競争力衰退の一因にもなっている。日本の教育をめぐっては、「ゆとり教育」と学力問題、詰め込み教育批判などが議論されてきたが、輸出依存的「経済大国」とのかかわりで問題にしたいのは児童・生徒・学生に従順さが求められている点である。主に中学・高等学校の学級担任・教科担当によって作成される「内申書」は、進学や就職に大きく影響するが、学習成績のみならず、日々の生活態度や個性、内心の問題にかかわる項目についても評価が行われる。「内申書」による評価は、日本企業で一般的な情意査定を含み、年功賃金の昇給幅に直結する人事考課と同様に、希望する進学や就職のために教員への従順さを強いる。とりわけ1989年から実施された学習指導要領では、学修成果のみならず関心・意欲・態度も評価の対象に加えられた。日本の学校は、豊かな学びの場というよりも、従順さを強いられる場としての性格が深まっている。生徒・学生の学習動機に関する国際調査では、日本では学習内容自体の意義や面白さという内在的動機付けをあげる割合が低く、成績低下を恐れる試験不安をあげる割合が高くなっている[★1]。なお、日本では学力評価についても、英語・国語・数学を中心とするいわゆる受験学力が中心で、就職する際の選考基準としてもこれら学力が重視され、職業教育を含む実務教育や芸術などの分野はあまり考慮されてこなかった[★2]。

　このように、学習内容自体に面白さ・学ぶ意義を感じられず、進学や就職など学習に外在的な動機付けが中心で、学習面以外でも従順さを求められる教育を受けた人々の多くは、科学的探究心や批判的思考力の形成は難しく、現状肯定的で権威に逆らわない、利害得失を旨とする考えや行動を選ぶものと思われる。従順さが強いられ、論理的・創造的思考

力が十分に培われないことは、科学研究や研究開発にとってマイナスに作用する。2023年の国際収支に関する日本政策投資銀行の推計によると、特許権など研究開発の成果の売買を中心とする研究開発サービス収支の赤字は約1.68兆円に拡大しており、日本国内の研究開発能力の低下を反映している。

　筆者は、中国出身の研究者と日本の産業競争力衰退の要因について議論したことがあるが、中国から日本社会を見ていた彼は、従順さを求めた日本の教育こそが元凶であると主張した。確かに、従順な労働者は、定められた目標に向けて努力を続け、短期的な成果をあげることができるが、既存の環境が大きく変化する中で、様々な社会課題を踏まえて自ら目標を設定していくことは不得手であると考えられる。換言すれば、製造業を中心に欧米の先進技術を導入し、生産の効率化とコストダウンを進めていた段階では従順な労働者は有効に機能したが、キャッチアップを終了し、新たな分野への産業転換をはかるためには、批判的思考力を持ち、忖度なく真理と正義を探究する姿勢こそが重要であり、過度な従順さはマイナスに作用すると思われる。

★1：この点については、本田由紀『「日本」ってどんな国？』筑摩書房、2021年、104-108頁。日本の学校教育における評価の問題点については、本田由紀『教育は何を評価してきたのか』岩波書店、2020年も参照。
★2：乾彰夫『日本の教育と企業社会─元的能力主義と現代の教育＝社会構造─』大月書店、1990年。

のあり方を前提に、住宅や教育などへの公的社会支出が乏しい状況が続き、家族が生活保障の経済的機能を果たす必要が高まっている。こうした経済的機能を果たすだけの収入を得られない人々の未婚の拡大、他方で経済的機能のみしか果たせていない家族・家庭の空洞化、これらの帰結として人々の孤独・孤立が深まっている[22]。

　他方、企業社会に順応して「成功」を収めてきた人たちも、孤独・孤立と無縁ではない。長年勤めた職場を定年退職した高齢男性が家庭や地域になじめず、孤独やうつに陥る事例も多く、社会参加の場をつくることが課題となっている[23]。ただし、上意下達的な職場組織に慣れ切った中高年男性の中には、対等な人間関係を基盤とする地域社会で人間関係を円滑に構築できない人も多い。ムダの排除とコストダウンを最優先し、その目的達成のために人格や内心にもかかわる人事評価が行われてきた日本の企業社会では、対等な人々が共同性で結ばれる関係よりも、支配・従属と利害得失に基づく関係が中心となり、人々の精神的孤独・孤立が深まっている。こうした精神的孤独に陥っている人の中には、退職や左遷により利害に結ばれた関係から外れることで自らの孤独を実感し、寂しさの中でハラスメントや排外的言動にその捌け口を求める事例もみられる[24]。

　本章では、日本の高度成長、そして輸出依存的成長を通して実現した「経済大国」化の経緯と要因について検討した。冷戦時代の国際環境、またニクソンショック後の世界の政治経済動向に対応し、技術導入や産業立地政策、国内格差を利用した労働力調達と労務管理、さらには国家支援などを有効に機能させることで、日本は経済的成功を収めることができた。しかしながら、特定産業を軸とした輸出依存的「経済大国」化は、それ自体の海外依存性・脆弱性とともに、産業構造の歪み、地域社会の衰退、さらには人口の再生産の困難と人格形成の歪みにもつながった。しかも次章以降で検討するように、こうした成長のあり方とそれを支援する政策が継続したため、輸出依存的「経済大国」の負の側面は今日まで払拭されてこなかった。今日の経済

※22：本田前掲『「日本」ってどんな国？』第1章・第4章を参照。
※23：石蔵文信『定年不調』集英社、2019年などを参照。
※24：宮台真司・野田智義『経営リーダーのための社会システム論─構造的問題と僕らの未来─』光文社、2022年、116-128頁を参照。

衰退の克服を展望するうえで、こうした「経済大国」の負の側面の解決があ
わせて希求されなければならない。

私たちはなぜ、貧しくなっているのか？
― 格差・貧困の広がりと内需停滞 ―

　前章では、戦後から1980年代にかけて、高度経済成長と輸出依存的成長を経て「経済大国」化した日本経済の特質と、その成長がもたらした歪みについて検討した。序章で確認したように、日本経済は1990年代以降、経済成長率は低迷し、国内生産能力と国際競争力の減退を伴いつつ国際的地位が低下を続け、「失われた30年」と言われるようになった。

1.「失われた30年」への転換 ―バブル崩壊と冷戦終結―

　日本の年平均の実質経済成長率は80年代前半の3.2％から同後半に4.8％に上昇した後、1990年代前半1.4％・同後半1.0％、2000年代前半1.2％・同後半0.0％、2010年代前半1.1％・同後半-0.3％と停滞し、成長率自体も低落している。このように、1990年前後を境に、日本経済が成長から停滞・衰退に転じたことは明瞭である。

(1) バブル崩壊と不況転換

　1990年代初頭の景気悪化の起点となったのは、1980年代末に発生したバブル経済の崩壊であった。まずは、バブルの生成とその崩壊が日本経済に及ぼした影響を中心に検討しよう（表2-1）。

①金融自由化とバブルの生成

　米国政府は1980年代に入ると、牛肉やオレンジなど農産物の輸入自由化とともに日本の金融市場の自由化と対外開放によって、米国金融資本の対日

表2-1：バブル経済の形成から崩壊に至る政策の展開

年　月	事　項	内　容
1983〜84年	日米円ドル委員会	為替取引の実需原則・円転換規制の撤廃
1985年9月	プラザ合意	ドル高修正→円高ドル安へ
1987年2月	ルーブル合意	各国協調利下げ→日本の公定歩合2.5％に引下げ
1987年10月	ブラックマンデー	ドイツ連銀の単独利上げ→NY株価暴落
1989年5月	公定歩合引上げ	その後4回の利上げで、1990年8月6％に
1989年12月	日経平均史上最高値	12月29日終値3万8915円87銭
1990年3月	大蔵省窓口指導	土地関連融資の総量規制を実施（1991年12月まで）

（出典）筆者作成。

進出を可能とする条件整備を求めた。それまでの日本では、外国為替取引は
貿易や投資など実需に伴う場合のみに取引が許可される実需原則、また外貨
資金を円に転換して運用する際の円保有高を制限する円転換規制によって、
投機的な外国為替取引が抑制されていた。1983〜84年に日米政府間に設置
された日米円ドル委員会での協議を通じて、これら規制は撤廃され、実需を
伴わない外国為替取引が認められるようになった。こうして、為替レートの
円高を期待しての円買い取引など投機的為替取引が可能となり、日本の金融
市場では、値上り目的での投機的取引が広がっていった。

　一方、貿易赤字の削減をはかる米国の要求に応えて1985年9月、G5（日・
米・英・仏・独）財務相・中央銀行総裁会議では、円とマルクに対するドル高修
正のために協調介入することで合意（プラザ合意）し、年平均の外国為替相場
は1985年$1＝¥239から86年¥169、87年には¥145へと急速に円高ドル
安が進んだ。なお、こうしたドルの急落は、基軸通貨としてのドルへの信認低
下を招くことが懸念されたため、1987年2月に開催されたG7（上記G5に加えて
イタリア・カナダ）財務相・中央銀行総裁会議では、各国の協調利下げ、とりわ
け日本とドイツは米国より低金利を維持することが合意（ルーブル合意）された。

ルーブル合意の狙いは、日本とドイツが米国よりも低金利を維持することで日独からより金利の高い米国への投資を促し、ドル買い円・マルク売りによって米国の貿易赤字に起因するドル売り取引を相殺してドル安を防ぐことであった。しかし1987年10月、ドイツ連銀がインフレ懸念から単独利上げに踏み切ったため、ドイツなど欧州から米国への投資の流れが逆流し、米国市場から資金が引き揚げられ、10月19日に米国株価は急落した。この時の米国株価急落は「ブラックマンデー」と言われるが、その後、日本の通貨当局は米国株価への配慮の観点から利上げをためらったものと考えられる。

　こうして日本では、1989年5月まで公定歩合が2.5％という当時としては低水準に据え置かれることとなった。こうした低金利の継続は企業の借り入れ拡大を招いたが、上記のような金融自由化によって投機取引が拡大していた中で、値上り目的の株式や土地購入の増大につながった。さらに、値上りした不動産を担保とする借り入れも増加し、株価と地価高騰を招いた[※1]。図1-2でGDPの支出項目別寄与度をみると、1980年代末から1990年代初頭にかけて民間企業設備投資と民間最終消費支出の寄与度が大きく、内需主導型の成長を遂げたものと捉えられる。

②バブル崩壊とその背景

　日経平均株価は1989年末に3万8915円87銭の終値としての最高値を付けた後、年明け後に下落をはじめて1992年末に1万6924円95銭、1998年末には1万3842円17銭まで下落した。1980年代後半に大幅な上昇が続いた地価も1990年をピークに下落に転じた。米国ではインフレ懸念から1988年夏以降に政策金利が引き上げられ、1989年初めには7％となった。このような米国の利上げは、株価・地価高騰が続いた日本の当局にとって利上げの余地を広げたため、日銀は1989年中に3度の利上げを行い、公定歩合は4.25％まで引き上げられた。一方、地価高騰によって人々の住宅購入が困難になっていたため、1990年3月に大蔵省（当時）銀行局長が市中銀行に対して不動産融資の抑制を求める通達を発したことが地価下落の要因になった。

※1：1980年代日本におけるバブル経済の生成と破綻については、今宮謙二『日本の金融破綻─克服する道をさぐる─』学習の友社、1998年などを参照。

ただし、1989年末・1990年初をはさんだ株価の反転の直接的要因は、株価下落を見越し、空売りによる収益拡大を狙ったソロモン・ブラザーズ証券による「少量の現物買い・大量の先物売り」の効果である［コラム05を参照］と言われている[2]。このように、巨額の資金を動かすことができる金融機関は相場をつくることができる。とりわけ過大評価され、反転が見込まれる銘柄や市場については、こうした空売りを利用することによって、株価下落を通じて巨額の利益を得ることができるのである。日本のバブル崩壊のみならず1997年のアジア通貨危機などでも、こうした空売りを通じて金融機関が巨額な利益を獲得していたことが明らかになっており、金融市場での投機的取引の容認が、マネーゲームを通じた金融利得の拡大につながっている問題は看過できない。

③バブル崩壊後の「複合不況」

　図1-2でバブル崩壊後の1990年代の支出GDP寄与度の動向をみると、1992〜94年に3年連続で民間企業設備投資がマイナス、個人消費の伸びも縮小し、輸出の伸びも小さい。設備投資は1995〜97年に増加に転じたが、1998年に大幅なマイナスとなり、その後も低迷が続いた。一方、1990年代には、バブル期に土地担保融資を拡大させた銀行が、地価下落に伴う担保価値低下により、回収が危ぶまれる不良債権の増加に直面、こうした銀行財務の悪化が貸し渋りを招き、企業経営を圧迫した。故に、1990年代不況をめぐっては、通常の景気循環に伴う投資減退、すなわち好況期の投資拡大に伴う過剰生産能力の調整と、銀行財務の悪化を通じた金融不況とが重なった「複合不況」[3]と評価される。

　図1-2では、個人消費の伸びが1997年以降に縮小し、2000年代以降も停滞・減退が続いており、「失われた30年」における景気低迷の主因となっている。

(2)　冷戦終結と米国の対日姿勢の変化

①冷戦終結と米国クリントン政権の登場

　日本経済が成長から停滞・衰退へと転じた1990年前後に世界情勢は激変

※2：マイケル・ルイス（東江一紀訳）『世紀の空売り』文藝春秋、2013年を参照。
※3：宮崎義一『複合不況』中央公論社、1992年。

バブル崩壊のきっかけとなった空売りと株価下落

COLUMN **05**

　日経平均株価は、1989年最後の取引日である12月29日に、終値として史上最高の3万8915円87銭を記録した後、1990年に入ると下落に転じた。株価反転の直接的契機となったのが、ソロモン・ブラザーズ証券による「少量の現物買い・大量の先物売り（空売り）」によるものと言われる。同社は1989年末に、取引所での取引が義務付けられている現物株を少量買い入れた一方で、取引所外での相対取引を通じて多額の先物売りを行ったと言われる。こうした取引が株価下落と同社に巨額の利益をもたらしたからくりについて、簡単な例を用いて説明しよう。

　ソロモン・ブラザーズ証券が空売りした日本株をA社株として、12月29日朝の株価を1000円と仮定しよう。同日、同社は取引所でA社株1000株の買い注文を入れると、取引所ではこの買い注文を受けてA社株は1020円に値上りする。他方、同社は取引所外（相対）での先物取引で、A社株を1株1010円・1か月後渡しで多くの投資家に、合計10万株販売する。相対取引は公開されないため、先物売りを持ちかけられた投資家は、他にも多くの先物売り取引が行われていることを知らず、現在の株価（1020円）より安く（1010円で）A社株を購入できる先物契約に応じる。正月休みを経て1990年1月、投資家が市場に戻り、投資家同士の情報交換が広がる中で、ソロモン・ブラザーズ証券による多額のA社株の先物売りが明らかになる。

　こうした情報が市場で広まると、A社株は値下がりに転じ、先物契約期限の1月29日には1株900円に下落する。ソロモン・ブラザーズ証券は、1株900円に値下りしたA社株を市場で購入し、先物契約した投資家に対して1株1010円で販売する。こうして同社は1株当たり110円、10万株の先物売り契約をしていたので、合計1100万円の利益を得る。

した。1989年11月に東西ドイツを隔てていたベルリンの壁が崩壊し、翌月に米国ブッシュ（父）・ソ連ゴルバチョフ両首脳間で「冷戦終結宣言」が発せられた。同年から翌年にかけて東欧社会主義政権が次々に崩壊、1991年末にはソ連邦も崩壊して、東西冷戦は終結した。

翌1992年の米国大統領選挙では、民主党のビル・クリントン候補が、再選をはかった「冷戦の勝者」ブッシュ（父）大統領を破った。クリントン大統領は就任直後の1993年2月、アメリカン大学での演説で「新しい世界経済において米国が発揮しなければならない経済的リーダーシップに焦点を当てる」、「開かれた競争的な貿易は、米国民全体を豊かにするものでなければならない」と述べた。さらに、クリントン政権で1997年まで通商代表を務め、対日交渉を主導したミッキー・カンターは、「共産主義崩壊後の新しい事態に直面している」米国の「通商政策についていえば、米国は、開かれた市場、拡大された通商の擁護者であり続けるが、同時に他国市場がわれわれの製品とサービスに開かれていることを主張したい」と述べ、日本を含む経済的ライバル諸国の市場開放とそこでの米国企業の利益を後押しする「戦略的通商政策」を推進した[4]。クリントン政権は、軍事技術の民間開放や、高速情報通信網の構築を通じて、情報通信（IT）分野での技術開発と新興企業の成長を支援した。さらに米国政府はWTOなど国際機関や2国間交渉、自由貿易協定などを通じて、IT産業や金融・保険業など米国企業の競争力の強い分野を中心に、他国市場の開放を迫り、米国企業の進出とシェア拡大を後押ししていった。

②米国政府の対日姿勢の一変

このように冷戦終結を経て、米国政府の日本産業・経済に対する姿勢は一変した。前章で検討したように米国は、戦後の占領当初、日本軍国主義の打破とその復活を許さないため、経済の民主化と大企業分割をはかった。しかし、東西冷戦が本格化し、中国で社会主義政権が誕生する中で米国の対日占領政策は転換し、ソ連や中国に対抗するためのアジアでの「反共の防波堤」

※4：萩原伸次郎『日本の構造「改革」とTPP―ワシントン発の経済「改革」―』新日本出版社、2011年、75-81頁を参照。

として、日本資本主義の復活・強化と、経済成長を支援する姿勢へと転じた。こうした米国の支援も得て日本は高度経済成長、そして「経済大国」化を遂げ、とりわけ日本の輸出産業が米国産業の競争力を脅かすようになった。さらに、ソ連を盟主とする東側・社会主義陣営の敗北によって冷戦が終結すると、米国にとって日本産業・経済は、グローバル経済における覇権を維持・強化するうえでのライバルと目されるようになったのである。

（3）米国の対日要求と日本の「改革」

①日米貿易摩擦から日米構造問題協議へ

日米間の貿易不均衡をめぐっては1980年代まで、鉄鋼や繊維、カラーテレビ、自動車など個別品目について、政府間交渉を経て日本側の輸出自主規制による調整がはかられた。米国レーガン政権は貿易不均衡だけでなく国家安全保障の観点から、軍事技術の基盤を成す半導体の対日貿易赤字を問題視し、1986年に日米半導体協定を締結、1991年の改定を経て日本市場での外国製半導体シェア20％の数値目標が定められた。当時、巨大なDRAMの生産設備をかかえていた日本企業は、目標達成のためにCPUの開発・生産を諦め、結果的にCPU分野ではインテル社の独占的地位が確保された。日本メーカーはその後、DRAM生産に参入した韓国・台湾メーカーとの競争に敗退した。日米半導体協定は半導体分野の競争力喪失の端緒となった[5]。

1989年7月に米国ブッシュ（父）大統領と宇野首相との首脳会談で構造協議を行うことが合意され、翌年6月にかけて5回の会合を経て、最終報告がまとめられた。この日米構造問題協議では、米国側が日本の内政問題にも踏み込んで貿易不均衡是正のための措置、さらには日本の制度改革を迫り、日本側はこうした要求に従って改革を実行した。

同協議で米国側は日本に対して、①経常黒字是正のための投資拡大、②土地利用の自由化と地価引下げ、③流通規制緩和、④排他的取引慣行の除去による内外無差別の原則、⑤系列関係による排他性の除去、⑥内外価格差の是

※5：日本半導体産業の競争力の凋落については、湯之上隆『日本型モノづくりの敗北』文藝春秋、2013年；藤田実『日本経済の構造的危機を読み解く』新日本出版社、2014年、第6章などを参照。

正を要求し、①10年間で430兆円（後の日米包括経済協議で630兆円に増額）の公共事業実施、②都市近郊農地への優遇税制廃止、③大規模小売店舗法廃止、④独禁法の運用強化、⑤対日投資について事後報告制を原則とする外国為替及び外国貿易管理法改正、などとして実現された[6]。

②日米包括経済協議と「年次改革要望書」

このように1980年代、貿易摩擦を契機に、米国政府は日本に対して、数値目標を伴う市場開放とともに、日本国内の諸制度の変更を求める要求を行うようになった。対日要求は1990年代、「戦略的通商政策」を掲げるクリントン政権の登場によって拡大・深化する。

1993年4月の日米首脳会談でクリントン大統領は日本に対して分野別の数値目標を含む市場開放を要求し、6月には日米包括経済協議の開始を宣言、7月の日米首脳会談では両国が毎年「年次改革要望書」を取り交わすことが約束された。

日米包括経済協議は1994年9月に決着に至り、政府調達、規制改革と競争力、その他の主要セクター（自動車および同部品を含む）、経済的調和、現存する協定と基準の実施の5つの分野について、市場開放および制度改革の進展を評価する「客観的基準」が設定され、その後も結果責任が求められた。日本側が米国の要求を承認しない場合に、クリントン政権高官は「円高容認」発言を行い、為替レートは1995年には一時、＄1＝¥80を上回る円高ドル安水準に達した[7]。

毎年秋に日米間で交わされた「年次改革要望書」では、こうした改革の量的・質的成果の評価と、未達成分野についてはさらなる制度変更や、新たな改革要求も追加された。日米包括経済協議で示された5分野に関して、政府調達についてはスーパーコンピュータ、人工衛星、医療技術、テレコム分野での外国企業参入が、規制改革に関しては金融サービス、保険、競争政策、通信、流通政策における規制撤廃が、経済的調和については外国直接投資の拡大、知的財産権強化、系列取引の見直しが求められ、日本政府はこれら改

※6：萩原前掲書、62-66頁。
※7：日米包括経済協議の内容については萩原前掲書、94-104頁、交渉経過については榊原英資『「日米交渉」から読み解く日米戦後史の真実』詩想社、2016年、134-153頁を参照。
※8：米国の保険業界の日本市場参入、郵政改革との関連については、本山美彦「規制緩和という新

革に適合する形で法改正・制度整備を進め、米国側の要求が貫徹していった。

③日本市場開放と米国企業の参入拡大

米国政府の政治的圧力を伴う要求の貫徹は、国内市場シェアを確保してきた日本企業の国内独占体制を切り崩し、外資のシェア拡大を招いた。また、米国の対日要求の中には、労働者派遣事業の自由化、医療費の患者負担拡大など、人々の労働・生活条件悪化につながる要求も含まれていた。労働者派遣事業の自由化は、日本に進出した米国企業にとっても労働コスト削減に資するものと捉えられる。一方、医療費の患者負担拡大については、後述するように日本市場でのシェア拡大をはかる米国保険会社が、とりわけがん保険など疾病保険の販売増をはかっており、医療費の患者負担増がこれら保険への需要を高める効果が期待できる。このように、米国産業・企業の利益拡大をはかる対日要求が、日本国内で人々の生活条件の悪化や、格差・貧困の広がりにつながっていった点も看過できない。

日本企業の国内独占体制が切り崩された具体的事例として、1994年に日米保険協定が結ばれ、1996年に同協定が再確認され、生損保の相互参入や外資参入が約束された保険分野が指摘できる。同協定では、がん保険など「第三分野」については5年間、日本企業の参入を禁止する措置まで取らせ、しかも上記の医療費の患者負担増も背景に、米国など外資系保険会社のシェアが拡大した。「年次改革要望書」では、郵便局の扱う簡易保険が問題視され、郵政民営化要求が2005年の郵政選挙につながった。民営化された日本郵政グループの持株会社である日本郵政株式会社は2013年、日本政府からかんぽ生命の第三分野参入の認可凍結措置を受けたうえでアフラックと業務提携、2018年には両社は資本提携し、郵便局窓口でアフラックの保険商品が販売される体制が確立した[8]。こうして、従来は代理店網と緻密な営業体制で国内顧客を確保していた保険市場が切り崩され、民営化された郵便局が外資のシェア拡大を先導する体制が整えられた。

また「年次改革要望書」で要求された電信電話事業の競争促進に関しては

たな規制＝日米保険協定の事例」（『月刊　日本の針路』2006年5月号）；石尾勝「日本郵政とアフラックの医療保険提携の政策的実相～歪んだ保険市場政策の歴史と公的保険への影響の可能性～」（『日医総研リサーチエッセイ』71号、2019年4月）　https://www.jmari.med.or.jp/download/RE071.pdf（2023年3月1日閲覧）などを参照。

1997年、日本電信電話株式会社（NTT）法改正で持株会社と地域会社2社を特殊会社、長距離会社を民間企業へと分割する方針が定められ、1999年に再編が実施された。また、携帯電話事業へのKDDIやソフトバンクなど競合企業の参入など競争激化を受けてNTTの市場シェアは低下した。さらに近年は、日米間でのICT事業者の相互参入やデータ通信の自由化などが進められているが、次章で検討するように、NTTを含む日本の情報通信（ICT）企業は競争力を失い、米国ICT企業への支払いが増大してデジタル貿易赤字が拡大している。なお表2-2には、米国の要求を背景とする情報通信分野の規制改革と民間参入の動向を示した。

　富士通・NECなど通信機器メーカーはかつて「電電ファミリー」と呼ばれ、NTT向け通信機器の販売で安定的収益を得て、半導体や情報関連事業などの研究開発資金を確保してきた。しかし、NTTの独占体制の解体で収益が

表2-2：日本の情報通信分野の規制改革と民間参入

年　月	事　項	内　容
1985年4月	電電公社民営化	日本電信電話公社の民営化・NTTの設立
1991年8月	NTTドコモ設立	NTTドコモ設立
1997年6月	NTT法改正	電気通信関連三法案（NTT法改正案含む）が成立
1999年7月	NTT再編	持株会社制、NTT東日本・NTT西日本・NTTコミュニケーションズ設立＊
2000年10月	KDDIの設立	KDD（国際通信）とDDI（長距離通信）の統合、KDDIの設立
2005年11月	ソフトバンクの参入	ソフトバンクが携帯電話事業に参入
2012年1月	日米ICTサービス通商原則の策定	両国間のICTの相互接続、事業者の相互参入、情報アクセス（自由化）
2019年10月	日米デジタル貿易協定の締結	デジタル製品・データの自由移動、SNSサービス提供者の免責

＊持株会社の下で事業分割、競争の導入
（出典）筆者作成。

悪化し、後述する短期収益性志向の経営も背景に、研究開発を含む投資の停滞、不採算事業の売却を進め、結果的に産業競争力の衰退を招いた[9]。

（4）中国の外資導入と米中連携

①中国の外資導入・輸出主導的成長

ソ連・東欧社会主義の崩壊は、中国にも影響を及ぼした。最高指導者の鄧小平は民主化運動を武力鎮圧する一方、1992年には深圳や珠海、上海などを視察して改革・開放路線を一層推進する方針を示す南巡講話を行った。南巡講話の狙いは、経済成長の実現によって共産党統治の正当性を高め、体制維持をはかることにあった。その後の中国は外資を積極的に導入し、海外技術と安価な国内労働力を利用して輸出主導的成長を遂げていった。

②1996年「台湾危機」から米中「戦略パートナーシップ」へ

1996年3月、台湾総統選挙で李登輝の優勢が伝えられる中、中国人民解放軍は台湾周辺へのミサイル発射など軍事的威嚇を行い、同海域に空母戦略群を派遣した米国との軍事的危機を招いた。[コラム06を参照]

一方で米中関係は、1997年10～11月の江沢民主席訪米、1998年6月のクリントン大統領訪中で両国は「建設的な戦略パートナーシップ」に向けて努力することで合意し、米国政府は中国のWTO加盟を支援した。1999年11月には中国のWTO加盟に向けた2国間合意に達し、中国は2001年にWTOに加盟した[10]。貿易障壁撤廃や外国製品と内国製品との無差別原則に基づくWTOへの加盟によって、中国は国外からの物品・サービス調達および他のWTO加盟国への輸出の拡大が可能となり、中国経済は世界経済により深く組み込まれることになった。こうしてWTO加盟後の中国経済は、情報通信関連機器を中心に在中外資系企業（主にEMS企業）の対米輸出拡大を軸に急成長を遂げた[11]。米国、さらには韓国、台湾のICT関連企業は、安価で豊富な労働力を有する中国生産を活用して国際競争力を高めて日本企

※9：大西康之『東芝解体―電機メーカーが消える日―』講談社、2017年、21-34頁を参照。
※10：中国のWTO加盟に至る米中関係については、三船恵美「中国のWTO加盟と米中関係」（中部大学『国際関係学部紀要』第26号、2001年3月）などを参照。

「台湾有事」と日米同盟、米中連携……

COLUMN **06**

　台湾では1996年3月に、史上初の総統直接選挙が実施された。総統選挙では、現職の国民党・李登輝が選出された。李はかねて、中華民国は中華人民共和国とは別の国家であるとする「二国論」を唱えており、対立候補も1986年の結党以来、「台湾独立綱領」を掲げてきた民進党の彭明敏であった。中国政府は、この台湾総統選挙を台湾の独立を推進するものとして反発し、総統選挙に合わせて「海峡九六一」と称する軍事演習を実施し、ミサイル発射実験を行った。これに対して米国は台湾海峡に空母2隻を派遣して中国を牽制し、一触即発の事態に至った。

　こうした台湾危機を受けて、1996年4月の橋本首相とクリントン大統領との日米首脳会談では「日米安全保障共同宣言―21世紀に向けての同盟―」が発表され、アジア太平洋地域の安全保障のための協力関係の促進が謳われた。翌年9月、日本周辺地域における安全保障に影響を及ぼす事態に対処する米軍の軍事行動に協力することを規定した「日米防衛協力のための指針」（新ガイドライン）が策定され、日本では共同作戦計画と相互協力計画を実施するための周辺事態法が99年5月に成立した。このように、朝鮮半島有事や中国との緊張関係への対処を念頭に、日米間の軍事的協力関係が強化された。

　しかし本文で述べたように、米国クリントン政権は、中国との対立も念頭においた日米軍事協力関係を強化する一方、日本産業に対抗するために中国との経済的な連携をも強化していった。こうして、多くの米国企業の中国への進出・投資、ICT産業を中心に中国への生産委託や中国製品の対米輸入が拡大し、米国経済は中国への依存を深めていった。

業に対抗したため、日本は2000年代以降に情報通信機器貿易が赤字に転じ、赤字額は拡大を続けた。

このように冷戦終結を契機に、米国の対日姿勢の転換とともに、中国の外資導入と米中連携が進み、その後の日本経済に決定的影響を及ぼすこととなった。なお、対中国も視野に日米軍事同盟の強化を求める一方で、経済分野を中心に中国との戦略パートナーシップを推進した米国政府の姿勢は看過できない。すなわち、中国のWTO加盟と外資導入・輸出主導的経済成長を支援しつつ、米国企業が中国現地生産や生産委託を通じて、中国の膨大な低賃金労働力を利用してコスト削減を実現し、低価格製品を米国国内へ逆輸入するとともに、日本をはじめとするライバル諸国の企業に対する競争的優位性を高めることを狙いとした。とりわけICT関連製品についてはこうした狙い通りに米国企業の競争力が高まり、第4章で検討するように、日本企業は電算機や通信機などで競争力を失い、2010年代以降には膨大な貿易赤字を続けることになった。

昨今も「台湾有事」が喧伝され、南西諸島への自衛隊ミサイル部隊の配備や米国製防衛装備品の購入拡大など日米軍事同盟の強化が推進されている。とりわけ米国バイデン政権は、半導体技術の中国への輸出規制など、同盟国をも巻き込みながら中国包囲網、中国経済の封じ込め政策を進めた。しかし米国でも、金融やICT、半導体など中国経済との関係の深い産業を中心に、米国政府の対中国制裁に不満を抱き、第三国経由での中国製品輸入も広がっている[12]。さらに、従来の同盟関係を軽視し、首脳同士の取引（ディール）を中心に外交を進めるトランプ政権の復活によって、米中関係が予想外の展開を遂げることも考えられる。

2. 「新時代の「日本的経営」」と非正規雇用拡大

冷戦終結後の世界政治・経済の変動は、輸出依存的「経済大国」である日

※11：平野健「現代アメリカのグローバル蓄積体制と中国」（『季刊経済理論』第56巻4号、2020年1月）；田村太一「米中間における貿易不均衡の構造」（中本悟・松村博行編著『米中経済摩擦の政治経済学』晃洋書房、2022年所収）などを参照。
※12：河音琢郎・平野健「アメリカ資本主義の現段階」（『経済』2024年11月号）を参照。

本に大きな影響を及ぼした。また、こうした変動に対応した輸出産業を中心とする経済界および政府の施策が、人々の生活悪化と内需縮減につながることとなった。

（1）円高と「ドル高転換」

　上記のように、円相場は1995年4月に＄1＝￥80を上回る円高ドル安水準となった。大幅な円高は日本からの輸出の低迷を招き、図1-2でも1990年代前半に輸出の寄与度が縮小している。さらに、第4章で検討する日本企業のグローバル展開が本格化する契機となった。

　その後、ドル安の是正が望ましいとする1995年4月25日のG7共同宣言、5月末以降の各国のドル買い協調介入を経て夏以降、為替相場は円安ドル高方向に転換した。こうした「ドル高転換」については、大手投資銀行ゴールドマン・サックス出身で同年1月に就任した米国のルービン財務長官の「強いドルがアメリカの国家的利益」との認識が背景にあった[13]。ドル高は、米国産業界にとっては国際競争力低下を招く要因であるが、ドル資金をもとに海外投資をはかる米国金融業界にとっては、外資建て融資額を増やして事業拡大を可能とする要因となる。「ドル高転換」の背景には、製造業中心から金融サービス業中心への米国産業構造の転換を捉えることができる。財務長官ポストにはその後、金融業界出身ないし金融業界と関係の深い人物が就任することが増え、米国政府の政策、とりわけ対日要求に米国金融業界の意向が強く反映されるようになった点にも注目される。

（2）「新時代の「日本的経営」」と労働法制改定

①「新時代の「日本的経営」」とその背景

　1990年代不況下の日本の輸出産業にとって「ドル高転換」は、輸出依存的成長の再現を可能にする条件となった。ただし、先述の中国の外資導入策に象徴されるように、東アジア諸国が日本と同様の輸出依存的成長を通じて

※13：「ドル高転換」の経緯と背景については、奥田宏司「1995年の「協調的為替・金融政策」と日本の対外投資（1995-97年）―90年代後半の世界的資金循環のなかで―」（『立命館国際研究』16巻3号、2004年3月）を参照。

競争力を高め[14]、日本産業のライバルとなっていた。当時のアジア諸国の賃金は低く、日本と比較して韓国や台湾が約3分の1、タイは約30分の1、中国は約90分の1の水準であった。こうした低賃金のアジア諸国に対抗するため、1995年5月に日経連は、非正規雇用の拡大による賃金コスト削減をはかる「新時代の「日本的経営」―挑戦すべき方向とその具体策」を打ち出した。

「新時代の「日本的経営」」では、従業員を管理職・総合職、技能部門の基幹職を対象とする「長期蓄積能力活用型グループ」、専門部門（企画、営業、研究開発等）を対象とする「高度専門能力活用型グループ」、一般職や技能部門、販売部門を対象とする「雇用柔軟型グループ」に3区分し、後二者は有期雇用契約で定期昇給も退職金・年金もない非正規雇用とする方針が示された[15]。パート・アルバイトに加えて契約社員・嘱託社員や労働者派遣、業務請負など非正規雇用の利用拡大が想定され、雇用形態の多様化と非正規雇用拡大を促す法整備が進められた。なお先述のように、「年次改革要望書」でも米国政府から非正規雇用拡大策が要望されていた。

②労働者派遣の拡大

1986年に施行された労働者派遣法では、対象業務としてソフトウェア開発や通訳、建設物清掃、機械設計、放送番組等の制作など16業種が指定されていたが、度重なる法改正を通じて対象業務の拡大・自由化が進んだ。

1996年改正では、市場等調査・調査結果整理・分析、契約書等取引文書作成、事業の実施体制の企画・立案、商品・広告等デザインなど10業務が追加された。また1999年改正では、派遣を禁じる業務を指定するネガティブリスト方式に変更し、港湾運送、建設、警備、医療、製造以外の業務への派遣を原則自由化した。さらに2004年改正では、製造業務への派遣が解禁された。

当時、筆者は横浜の商業高校、さらに定時制総合学科高校に勤務し、高校生の就職支援業務を行っていた。高校生の就職は当時、求人企業が高校あてに求人票を持参する場合が多かったが、1996年労働者派遣法改正の翌1997年、消費増税などに伴う不況の下、商業高校への事務職求人が激減し、事務

※14：涌井秀行『東アジア経済論』大月書店、2005年。
※15：「日経連『新時代の「日本的経営」』と労働組合」（法政大学大原社会問題研究所編『日本労働運動資料集成』第12巻、旬報社、2007年、77-79頁）を参照。

職以外の職種や非正規採用で就職する生徒が増加した。さらに製造業務への派遣が解禁された2004年以降、製造現場での正規雇用での就職が難しくなった。職業高校・職業学科は、地道な努力を続けた高校生に安定した職業生活への移行を保障する機能も果たしていたが、こうした役割が果たせなくなり、貧困の再生産が生じつつある現状を痛感した。

（3）1997-98年不況とリストラ・非正規雇用拡大

①橋本６大改革と1997-98年不況

1996年１月に発足した橋本龍太郎政権は、「行政改革」「財政構造改革」「経済構造改革」「金融システム改革」「社会保障構造改革」「教育改革」の６大改革を掲げたが、その内容は「年次改革要望書」を少なからず反映していた。「行政改革」は2001年の省庁再編に結果し、「金融システム改革」は1998年の金融ビッグバンを通じて金融市場の自由化と外資参入を促し、「社会保障構造改革」は健康保険の患者負担増につながった。

橋本内閣は「財政構造改革」の一環として1997年４月、３％から５％への消費増税と健康保険の患者負担の２割への引き上げを実施したが、こうした負担増が消費減退を招き、日本経済は深刻な景気後退に陥った。同年、都市銀行の一角の北海道拓殖銀行、四大証券会社の一つであった山一證券が経営破綻する金融危機も発生した。このように銀行経営への不安が高まる中、バブル崩壊以来の不良債権を抱えていた銀行が、景気後退下で経営不振にあった中小企業に対して融資の打ち切りや回収を迫る貸し渋り・貸し剥がしが広がり、企業倒産も増加した。実質経済成長率は、設備投資・住宅投資・個人消費の停滞・減退を主因に1997・1998両年度はマイナス成長となった。

②非正規雇用の拡大

こうした景気悪化の下、企業倒産や雇用リストラの広がりに伴って完全失業率（年平均）は、1997年3.4％から1998年4.1％、1999年4.7％と上昇し、

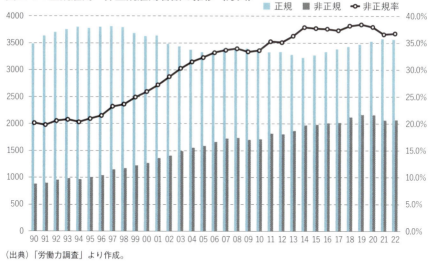

図2-1：正規雇用・非正規雇用者数の推移（万人）

（出典）「労働力調査」より作成。

2002年には5.4％となった。雇用リストラと失業の増加が続く一方、先述のように新規雇用では非正規雇用者が増大したため、図2-1に示したように1997年から2000年代半ばにかけて正規雇用者数が減少した一方で非正規雇用者数が増大し、全雇用者に占める非正規雇用者の割合（非正規率）は1995年20.9％から2000年26.0％、2005年32.3％に上昇した。

(4) 2000年代の「いざなぎ越え」景気の内実

①輸出依存的成長

　2000年代初頭の日本経済は、米国ITバブルの崩壊、さらに次章で検討する不良債権処理に伴う倒産の増加を主因に景気後退に陥り、図1-2に示した実質経済成長率も2001年度は輸出と設備投資とともにマイナス成長となっている。その後、2002年2月から2007年10月に至る、期間としては高度成長期のいざなぎ景気を上回る好景気を迎えた。図1-2ではこの間、輸出の伸びが先行し、設備投資の増加が続いているが、民間最終消費の伸びは低迷を続け、

輸出依存的成長であったことが明瞭である。「いざなぎ越え」景気を産業別に
みると自動車、一般機械、鉄鋼を含む金属、化学などの生産が拡大した一方、
繊維や電気機械、建設などは国内生産が縮小したが、前者の成長産業では輸
出の伸びが国内生産の伸びを上回った[16]。主な品目別貿易収支の推移を示し
た図2-2をみると、2000年代半ばに輸送用機器と一般機械の貿易黒字が拡大
し、電気機器も黒字が続いている。一方、石油や天然ガス、石炭など鉱物性
燃料の貿易赤字が拡大しているが、貿易収支総額は黒字を維持している。

②非正規雇用者の拡大による競争力強化

　輸出拡大を可能にした産業競争力は、「新時代の「日本的経営」」と労働法
制改定を受けて拡大した非正規雇用者に支えられた。2000年から05年の産
業別従業者数・賃金水準の変化を示した表2-3を見ると、2000年代前半に
は従業者総数が約159万人減、常用雇用者の平均賃金も約24万円減少して
いる。従業者数が増大したのは、労働者派遣サービス業を中心とする対事業
所サービス業と介護を中心とする医療・社会保障分野であり、これら分野で
は賃金水準は低く、図1-2に示された国内消費低迷の要因となった。
　一方、成長を遂げた自動車・一般機械・化学・鉄鋼の各産業の従業者数は
微増ないし減少している。また、電機産業の従業者数は約47万人減と、建
設業の約94万人減、商業・飲食店の約80万人減、農林水産業の約60万人減、
繊維産業24万人減とともに雇用削減が顕著である。図1-8と同様に、電機・
自動車両産業について実質国内生産額、労働者派遣業や業務請負業を中心と
する「その他の対事業所サービス」部門からの投入額、従業者数の推移を示
した図2-3では、国内生産が伸びる中で、直接雇用が減少する一方、非正規
雇用の利用を示す「その他の対事業所サービス」部門からの投入が顕著に拡
大している。

③格差・貧困拡大を伴う「実感なき好況」

　2000年代日本の「いざなぎ越え」景気は、「実感なき好況」と言われた

※16：拙著『現代日本再生産構造分析』日本経済評論社、2013年、第6章を参照。

図2-2：主な品目別貿易収支の推移（億円）

（出典）財務省「貿易統計」より作成。

図2-3：電機・自動車産業の国内生産額と従業者数（1995・2000・05年）

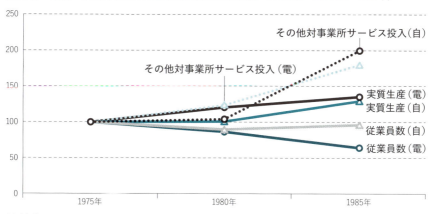

（出典）「1995-2000-05年接続産業連関表」および同「雇用表」より作成。

表2-3：主な産業の従業者数・1人当たり常用雇用者年間賃金の推移

単位：人、千円

	従業者数		増加数	常用雇用者賃金	
	2000	2005	00 → 05	2000	2005
総数／平均	68,289,448	66,700,532	-1,588,916	4,217	3,981
(1) 従業者数増の産業					
その他の対事業所サービス	2,268,886	3,353,087	1,084,201	3,452	3,133
うち労働者派遣サービス	496,413	1,279,223	782,810	2,250	2,545
医療・保健・社会保障	3,862,123	4,580,770	718,647	4,688	4,267
うち介護	663,109	1,238,475	575,366	3,130	2,650
(2) 従業者数減の産業					
建設	6,572,311	5,629,026	-943,285	4,415	4,305
商業・飲食店	17,273,009	16,469,788	-803,221	3,113	2,797
農林水産業	5,569,678	4,966,807	-602,871	3,103	2,673
電気機械	1,802,428	1,337,736	-464,692	4,542	4,731
繊維	680,131	441,299	-238,832	2,603	2,601
(3) その他					
自動車	776,198	834,055	57,857	5,521	5,513
一般機械	1,163,579	1,150,540	-13,039	4,873	4,932
化学・窯業・土石	818,663	722,041	-96,622	5,081	5,075
鉄鋼	330,127	315,319	-14,808	5,519	5,773

(注) 1. 従業者数の増減が20万人を超える産業を「(1) 従業者数増」および「(2) 従業者数減」としている。
　　　2.「その他の対事業所サービス」は基本表「労働者派遣サービス」と「その他の対事業所サービス」の合計・加重平均。
　　　3.「医療・保健・社会保障」は統合小分類の「医療」「保健」「社会保障」「介護」の合計・加重平均。
(出典)「1995-2000-05年接続産業連関表」の「雇用表」より作成。

が、その理由は明瞭である。経済界や米国の要求を背景にした労働法制改定によって、不安定で低賃金の非正規雇用者が拡大したが、輸出産業は非正規雇用の利用拡大によって国際競争力を維持・強化し、輸出依存的成長を遂げた。輸出依存的「経済大国」の構造そのままに、「減量経営」の延長線上のコストダウンとしての非正規雇用者の拡大は、格差と貧困を広げ、好況下でも労働・生活条件が悪化し、内需停滞に帰結した。こうした輸出依存的好景気は、2008-09年の米国発金融危機に伴う世界市場の収縮と輸出の大幅な縮減によって終焉を迎え、深刻な不況へと転落することとなった。

3. 新自由主義的改革と税制・社会保障

　人々の生活悪化と内需縮小は、財政支出抑制と企業の税負担削減、規制緩和と市場原理導入が推進された新自由主義的政策によっても促進された。ここでは、1990年代以降の税制と社会保障をめぐる諸改革とその影響を考察する[16]。

（1）税制改革とその帰結

①法人税収の空洞化

　1989年の消費税（3％）導入以来、1997年5％、2014年8％、2019年10％と増税が続き、消費税収は2009年度に法人税収を、2020年度には所得税収を上回った。消費税導入時に40％だった法人税率は1999年に30％、2018年に23.2％まで引き下げられた。一方、投資額に応じて法人税を減免する投資促進減税や研究開発減税、IT投資減税など企業向け優遇税制も度々実施され、法人税収の空洞化が進んだ[17]。2023年度の政府の税収は消費税23.09兆円、所得税22.05兆円、法人税15.86兆円である。

　次章で明らかにするように、企業利益が急増した2010年代、法人税額は抑制されて法人企業の税引き後利益が増大したが、配当と内部留保が増加したものの設備投資と人件費の抑制が続いた。法人減税が経済成長につながらなかったことは明瞭である。

②消費増税と逆進性、輸出産業支援

　所得全体を課税対象とする所得税に対して、所得のうち消費した分に課税され、貯蓄した分には課税されない消費税は、消費性向（所得のうち消費に回す割合）が高い低所得者への負担が重く、貯蓄性向（所得のうち貯蓄に回す割合）が高い高所得者への負担が軽い逆進性を抱える。有効需要を構成する消費への課税によって消費需要を抑制し、有効需要とならない貯蓄を優遇するもので、消

※16：人々の貧困と格差の拡大に帰結した税制・社会保障改革の諸問題については、伊藤周平『消費税増税と社会保障改革』筑摩書房、2020年を参照。
※17：田辺麟太郎「支え合う社会保障の現在と未来、その財源」（支え合う社会研究会編『資本主義を変革する経済政策』かもがわ出版、2021年所収）を参照。

費性向の高い低所得者の実質所得減少が消費減退を招き、不況を深化させるように作用する。消費増税による有効需要抑制は内需産業にマイナスに作用する一方、銀行や証券など金融業者は貯蓄増を収益拡大につなげることができる。

さらに消費税は、輸出品は免税となり、輸出品の製造過程での部品など中間取引にかかったとみなされる消費税額が政府から輸出企業に還付されるが、この還付額は消費税率が上昇すれば増大する。消費税率が5％だった2012年度における輸出還付金合計は約3.2兆円にのぼり、輸出還付金控除前の消費税収16.6兆円の約2割に相当する[18]が、税率が10％に上昇した今日ではさらに還付金が増えている。しかも輸出産業である機械産業では、多くの部品は下請企業から調達され、元請有利な取引関係のため、部品取引にかかる消費税分が十分に下請単価に転嫁されているとは考えにくい。すなわち、消費税制における輸出還付金は輸出企業への事実上の補助金に他ならないと捉えられる。そもそも日本政府は消費税導入にあたりフランスの付加価値税を参照したが、フランス政府が1954年に導入した付加価値税は、輸出補助金に代わる輸出産業支援策の意味を有していた。当時のGATT協定（貿易と関税に関する一般協定）では、自由・公正な貿易をはかるため輸出補助金が禁じられていたが、フランス政府は事実上の輸出産業への支援策として付加価値税を導入したのだった[19]。

③金融所得課税の軽減 ── 高所得者層、金融業界支援

株式売却益や配当など個人の金融所得は、勤労所得などその他の課税所得とは別に、一律20％の税率が適用される分離課税とされ、金融所得の比重が大きい高額所得者の税負担が軽減されている。現実に、所得が1億円を上回る高額所得者では、所得が上昇するごとに税負担率が低下する逆進性が生じていることから「1億円の壁」と言われる。岸田前首相は自民党総裁選で金融所得課税強化を主張したものの、首相就任後の株価低下と国内外の金融業界を中心にした批判を受けて撤回した。こうした高額所得者の優遇、とりわけ金融資産および金融取引への優遇は、金融業界の利益に関連している。

以上の検討を通して、法人減税など企業向け減税が経済成長につながる効

※18：湖東京至「消費税の何が問題なのか—不公平性を払拭できない欠陥税制—」（『世界』2014年2月号）を参照。

※19：斎藤貴男・湖東京至『税が悪魔になるとき』新日本出版社、2012年；富岡幸雄『税金を払わない巨大企業』文藝春秋、2014年などを参照。

果は乏しく、消費増税による景気抑制効果が作用し、消費増税と所得・法人減税という一連の税制改革は経済成長にマイナスに作用したものと捉えられる。むしろ一連の税制改革は、輸出産業や金融業界を中心に、大規模企業や高額所得者など既得権益層の利益につながった。

(2) 社会保険の逆進性とその強化

①社会保険の逆進的性格

日本の社会保障制度のうち、社会保険方式の年金と健康保険は、職業に応じた多元的制度であり、逆進性が強い。とりわけ自営業者の加入が前提とされた国民年金・国民健康保険は、使用者の拠出も前提した被用者向けの厚生年金・健康保険より保険料負担が重い一方で年金給付額は低い。

保険料については、国民年金保険料は原則として定額、国民健康保険料も応益部分の比重が大きく、事実上、所得の多寡にかかわらず国民一人当たり一律金額を課税する「人頭税」的性格を有し、逆進性が強い。

国民年金・国民健康保険加入者では、所得が低水準で不安定なフリーランスや無職者の割合が増加し、財政悪化から保険料値上げと保険料未納者拡大の悪循環が続いている。国民年金未納者は約3割にのぼり、将来の無年金者、貧困高齢者のさらなる増加が見込まれる。公費負担分を除く被用者向け社会保険料について、日本では使用者との折半が原則で、社会保険料拠出全体に占める使用者負担率は48.9%と、69.8%のフランス、71.2%の英国、80.3%のスウェーデンなどに比較して低い。また、保険料率を乗じて保険料算定の基準となる標準報酬月額は一定所得以上では定額となり、高額所得者の負担が軽減される仕組みになっている。

②社会保障制度改革と逆進性の強化

1990年代以降の諸改革では、社会保険が抱える逆進性が放置され、むしろそれは強められた。「聖域なき構造改革」を掲げた小泉政権は、政府の社

会保障支出の抑制を続け、その一環として医療保険の患者負担増、年金給付削減を基本とする年金制度改革などを進めた。米国の要求も背景に、健康保険の患者負担割合は1997年に1割から2割、2003年から3割に引き上げられた。2004年の年金制度改革では、少子高齢化に伴う人口構成の変化に応じて給付水準を引き下げる「マクロ経済スライド」が導入されたが、給付抑制の大部分は基礎年金で実施され、低年金者ほど影響が大きくなる。

社会保険料負担の増加は、被用者とともに雇用者の負担増を招いたが、中小企業が多く加入する協会けんぽの平均保険料率は2012年度に8.2％から10.0％に大幅引き上げとなるなど負担が増加している[20]。利益に課税される法人税と異なり、赤字企業にも賦課される社会保険料は、内需低迷下で業績が改善しない中小企業経営の圧迫要因となっている。企業の社会保険料負担は被用者が多いほど増加するため、負担回避のため、被用者保険対象外の短時間勤務者、雇用責任を免れ得る派遣労働や業務請負など非正規雇用の利用拡大を招いた点も看過できない。

このように、政府の社会保障支出抑制に基づく制度改革は、日本の社会保険の逆進性を強化し、格差・貧困の拡大を通じて、内需抑制・停滞を促進したものと捉えられる。

（3）社会保障の市場化

①福祉領域の市場化・民間参入

新自由主義的政策の一環として公営事業の民営化や、医療や福祉、教育分野の民間開放が進められた。2000年の介護保険制度の導入を嚆矢として、受益者負担と公的支出を前提に利用者が民間施設と契約関係を結ぶ官製市場化と営利企業の参入が広がっている。

2019年10月から幼稚園・保育園の保育料を実質無償化し、幼稚園や障がい児向け教室などの利用料が政府から事業者に支払われる事実上の官製市場となったため、障がい児向けの放課後等デイサービス事業や児童発達支援事

※20：伊藤前掲書、176頁。
※21：社会サービスの現金給付原則の問題については、二宮厚美『新自由主義からの脱出―グローバル化のなかの新自由主義 VS. 新福祉国家―』新日本出版社、2012年を参照。

業への営利企業参入が進んでいる。

②市場化・収益事業化の本質的問題点

　このような福祉領域への市場・収益性原理の導入、すなわち社会サービスの現物給付から現金給付への移行と市場化[21]は根本的な問題を孕んでいる。利用者側の消費者的性格が強まって当事者意識が希薄化する一方、営利事業者は収益拡大のために利用者増が不可欠であるため、個々人の性格や支援ニーズが様々に異なる障がい者福祉分野などでは、希少な疾患や特性を有する人が利用から排除される事態も生じている。

　障がい児支援分野の民間施設で、他の利用者への他害傾向のある障がい児・者や、家庭での虐待を受けている児童など特別なケアが必要な人の利用が妨げられてしまう事例も指摘される。例えば、他害傾向のある子どもの受入れにあたって、施設側から保護者に対して、子どもへの精神安定剤の投薬が求められることもある。このように、市場化によって福祉の利用者と提供者の関係が消費者と供給者に分断され、個々人のニーズが提供者に把握されにくくなり、真のニーズが福祉から排除されることが懸念される。

　医療や福祉、教育など対人サービス分野では、対象化された労働成果としての生産物（使用価値）が取引対象となる製造業等とは異なり、労働自体が取引対象となるため、労働生産性向上が著しく困難な領域である[22]（図2-4）。故に、営利事業者が収益を高めるためには、賃金抑制や長時間労働など労働条件悪化や、労働節約による利用者へのサービス低下を招きやすい。した

図2-4：対人サービスの取引関係（製造業との対比）

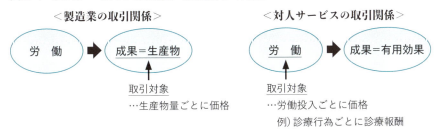

※22：この点については、生産的労働ないし価値措定労働の範囲をめぐる理論的問題に関連している。拙著『再生産表式の展開と現代資本主義—再生産過程と生産的労働・不生産的労働—』唯学書房、2019年を参照。

がって、介護や保育など福祉分野の労働者の低賃金は、政府の社会保障支出抑制策に基づく報酬単価の抑制とともに、福祉領域への市場・収益性原理導入自体の問題点にも起因する。

③福祉分野の労働条件悪化

「令和4年賃金構造基本調査」で一般労働者の職種別平均年収を推計[23]すると、民間事業所の全産業平均439.3万円に対して、「介護職員（医療・福祉施設等）」は362.8万円、「訪問介護従業者」は353.2万円である。厚労省「介護サービス施設・事業所調査」によると介護職員数は、介護保険制度が導入された2000年度54.9万人から2010年度142.7万人、2020年度211.9万人、2022年度215.4万人と増加を続け、全就業者数（「労働力調査」）に占める構成比も2000年度0.9％から2023年度には3.2％に高まっており、介護職の賃金水準の低さが平均賃金の低下につながっている。さらに、収益性低下による営利企業の撤退が地域の福祉水準低下を招く問題も生じており、これら領域への市場原理の導入自体が根本的問題を有している[24]。

④「ベーシックインカム」の問題点

福祉拡充策として、すべての国民に対して、最低生活費を現金で給付する「ベーシックインカム」も主張されている[25]。しかしながら、福祉領域の現金給付と市場化自体が上記のような本質的問題点を内包しているため、福祉の現金給付化を促すベーシックインカムには賛同できない。さらに、基礎的生活費の現金給付によって「機会の平等」を保障しつつ、その使用については「選択の自由」を最優先するベーシックインカムは、給付された現金を「合理的」に支出できずに貧困に陥る人々への「自己責任」論を助長しかねない点、すなわち新自由主義との親和性も看過できない。

このように新自由主義的政策に伴う一連の税制・社会保障改革は、既得権益層である輸出産業や金融業界の利益につながった一方、財政の所得再分配機能を空洞化させ、格差・貧困の拡大を促して内需の縮減に帰結し、経済成

---

[23]：「令和4年賃金構造基本調査」（企業規模10人以上）で、「決まって支給する現金給与額（月額）×12＋年間賞与その他特別給与額」として計算した。

[24]：福祉領域への市場原理導入に対する理論的批判として、岡崎祐司「社会福祉の準市場化と市場個人主義をめぐる理論的検討」（佛教大学『社会福祉学部論集』第3号、2007年3月）を参照。

長にマイナスに作用したと考えられる。

4. 人口減少と内需縮減、内需産業の衰退

　図1-2からは、日本経済の「失われた30年」は内需停滞に規定されたことが明確だった。輸出依存的「経済大国」の推進力となった「減量経営」の延長線上の雇用リストラと非正規雇用の増加、新自由主義的税制・社会保障改革を通じた逆進性の強化が、格差・貧困の拡大を招き、内需停滞の要因となった。本節では、こうした背景を踏まえつつ、人々の労働・生活条件の悪化、内需の減衰、そして内需産業の衰退について考察する。

（1）人口減少

①人口推移と将来予測

　毎年10月1日時点の日本の総人口は、2008年の1億2808万人をピークに減少に転じ、2020年は1億2615万人となった。1970年代初めには毎年200万人を超えていた出生数は1984年に150万人を下回り、2000年119万人、2010年107万人を経て2016年に100万人を割りこみ、2024年には72万人まで低下した。日本の総人口の推移を示した図2-5でも今後、大幅な人口減に陥ることが明らかであるが、こうした人口減少は、内需の著しい縮小が不可逆的に進むことを意味している。

②人口減少の要因──労働条件悪化と未婚、「自己責任」論

　日本では婚外出産が少なく、既婚者の子ども数の減少は大きくないため、少子化の主因は未婚率の上昇である[26]。国立社会保障・人口問題研究所「人口統計資料集（2023）改訂版」によると、50歳時点での未婚者の割合は高度成長期には1%台だったが、1990年の男性5.6%および女性4.3%から2000

※25：原田泰『ベーシック・インカム─国家は貧困問題を解決できるか─』中央公論新社、2015年；本田浩邦『長期停滞の資本主義─新しい福祉社会とベーシックインカム─』大月書店、2019年などを参照。
※26：山田昌弘『日本の少子化対策はなぜ失敗したのか？』光文社、2020年。

図2-5：日本の人口推移（万人）

（出典）2020年までは「国勢調査」。2025年以降は、国立社会保障・人口問題研究所『日本の地域別将来推計人口（令和5（2023）年推計）』。

年12.6％および5.8％、2010年20.1％および10.6％、2020年28.3％および17.8％と上昇している。2010年7月に行われた厚生労働省「社会保障を支える世代に関する意識等調査報告書」では、30歳代男性の未婚率は、正規雇用者の30.7％に対して非正規雇用者は75.6％と高く、非正規雇用者の増大が未婚率上昇と人口減少の主因であることが明らかである。調査時点での30歳代は第2次ベビーブーム世代を含み、1990年代を中心に学校の卒業と就職を迎え、正規雇用を望みつつも非正規雇用への就職を余儀なくされた人が多い「ロストジェネレーション（ロスジェネ）」世代である。

　前章で述べたように、日本では教育・住宅など生活保障が労務管理に組み込まれ、公的保障が乏しかったため、労働条件の悪化が未婚率上昇と少子化に直結する。しかも、年功賃金による生活保障が困難な非正規雇用者が増大した後も、「生活保護バッシング」に象徴される「自己責任」論が大手をふるっている現状が人口減少と日本経済のさらなる衰退を促進していることは否定できない。

③「ロスジェネ」、シングルマザーと将来不安の深まり

　人口規模の大きい「ロスジェネ」世代の高い未婚率は、今後の激しい人口

※27：川北稔『8050問題の深層―「限界家族」をどう救うか―』NHK出版、2019年などを参照。

減少と人口構成の著しい歪み、様々な社会問題を惹起する。すでに「ロスジェネ」世代は中高年層となり、安定した職に就けず、場合によっては引きこもりとなった50代の「ロスジェネ」世代が80代の親の年金収入に依存して生活している「8050問題」が顕在化している[27]。前章で述べたように、日本の企業社会は人々の共同性を失わせ、家族責任を強いるとともに、人々の精神的な孤独を招いたが、未婚率上昇はさらなる孤独の深まりと広がりにつながる。今後、年金や資産形成が不十分な非正規雇用者、未婚男性やシングルマザーの老後の貧困[28]などの拡大・深化が予想される。

このような日本の著しい人口減少は、輸出競争力強化のための非正規雇用拡大を主因としている。資本主義自体に人口減少を招く要因がある点[29]も否定できないが、前章でも述べたように、日本と同様に輸出依存的成長を続けてきた韓国や台湾など東アジア地域でとりわけ出生率が低い現実は、輸出依存的「経済大国」に特有の要因が人口減少を促進したことを示している。

（2）家計支出の減退と輸入品の浸透

①実質収入の低下

1990年代後半以降の実収入と消費支出、消費者物価の動向を示した図2-6では、実収入は1997年をピークに2003年にかけて低下し、消費支出も並行して縮小している。さらに、消費者物価も同様に低下・停滞しており、金融緩和が続く中で物価低下が続いた「デフレ」は、貨幣現象というよりも、労働条件悪化に伴う消費需要の縮小が主因であったことが明らかである。消費者物価は2013年以降、安倍政権下の金融緩和に伴う円安に起因して上昇しているが、実収入の回復はわずかで、実質収入は低下している。

②可処分所得と家計支出の縮減

次に、「家計調査」に示された2人以上勤労世帯の月平均の家計収支状況について、2000年とコロナ禍前の2019年とを比較・検討しよう。なお、

※28：橋本健二『アンダークラス』筑摩書房、2018年；吉中季子「女性の貧困：シングルマザーの年金加入と高齢期―特集 女性の働き方・ライフコースの多様化と年金」（『年金と経済』第40巻3号、2021年10月）などを参照。
※29：大西広『「人口ゼロ」の資本論―持続不可能になった資本主義―』講談社、2023年を参照。

図2-6：消費者物価・実収入・消費支出の推移（2000年＝100）

（注）1. 実収入と家計支出は二人以上・勤労世帯について。 2. 消費者物価指数は年平均・総合指数。
（出典）「家計調査」および「消費者物価指数」より。

2019年の収支額については「消費者物価指数（総合）」を用いて一部実質化した。実収入は2000年56.3万円から2019年54.3万円（実質52.9万円）に低下したが、直接税と社会保険料支出から成る非消費支出が8.8万円から11.0万円に増加したため、可処分所得は47.4万円から43.3万円（実質42.2万円）に-8.6％（実質-11.1%）と大きく減少した。

消費支出総額は2000年34.2万円から2019年32.4万円（実質31.2万円）に低下したが、支出内訳では、通信費が1万514円から1万6206円（実質2万2589円）に54.1％（実質114.8%）増加し、保健医療が1万901円から1万2662万円（実質1万2041円）に16.2％（実質10.5％）増加した。家電機器を含む家庭用耐久財は3608円から4050円（実質1万384円）に12.3％（実質187.8%）増加するとともに大幅に価格低下しているが、後述する安価な輸入品の浸透にも起因すると考えられる。

食料への支出額は2000年7万5174円から2019年7万7431円（実質6万

8422円）に名目ベースで3.0％増・実質ベースで8.8％減となっており、価格上昇の中で購入額は増加したものの消費数量は減退した。また、「被服及び履物」は1万7195円から1万2935円（1万2822円）に-24.8％（実質-25.4％）と減少しており、実質可処分所得が低下した中で食費や被服費を節約したことを示している。さらに、「こづかい（使途不明）」は2万9429円から1万1897円に59.6％減、交際費も2万7482円から1万7402円に36.7％減と大幅に縮小し、小売業や飲食店、各種サービス業などへの支出の減額につながったことは明瞭である。「書籍・他の印刷物」への支出額も4692円から3016円（実質2681円）に-35.7％（実質-42.9％）と低下し、出版・印刷業界の不況の要因となったことを示している。

③安価な輸入品の浸透

こうした家計支出の減退に伴う需要減退とともに、輸入品の浸透によって内需産業の有効需要が奪われていった。実質可処分所得の減退に伴う家計の節約は、安価な輸入品の購入につながり、図2-7に示した通り国内消費市場における輸入品の浸透率の上昇に帰結した。こうした輸入品の流入は、国内の内需向け産業の経営を脅かし、詳しくは次章で検討するが、国内投資と国内供給力減退につながった点も看過できない。

（3）内需産業の衰退

①国内諸産業の低迷

家計支出の減退と輸入品浸透は、国内の内需向け産業に深刻な打撃を及ぼした。国民経済計算年報で2000年から2019年にかけての経済活動別国内生産額の伸び（名目ベース）をみると、産業計では+3.6％と増加しているが、内需産業を中心に、減退している産業が目立つ。

製造業全体の国内生産額が6.1％減少した中で、食料品が-3.8％、繊維製品が-53.0％、窯業・土石製品が-21.8％と減退しており、内需縮減と輸入

図2-7：消費財の輸入品浸透率の推移

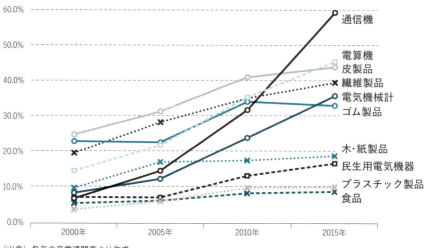

（出典）各年の産業連関表より作成。

品浸透に伴うものと捉えられる。また、情報・通信機器が-64.2％、電子部品・デバイスが-32.7％と大幅に減少しており、図2-7に示した輸入品の浸透や、第4章で明らかにする電機産業の競争力低下を反映している。実質ベースでの国内生産額はこの間、情報・通信機器+99.8％、電子部品・デバイス+307.2％および電気機械+62.4％と増大しており、品質・機能向上に伴う品質調整[※30]の影響と捉えられる。

　印刷業の名目ベースの国内生産額も-42.3％と減少しているが、先述のように、家計支出における「図書、その他の出版物」への支出の縮小に伴うものと理解できる。製造業の中でこの間に名目生産額が増加したのは、化学+11.7％、一次金属+23.7％、はん用・生産用・業務用機械+18.3％、輸送用機械+11.8％など輸出産業が中心である。

　非製造業では、運輸・郵便業が+14.5％、情報通信業が+7.9％、不動産業が+13.6％、「専門・科学技術、業務支援サービス業」が+58.2％、医療・福祉を含む「保健衛生・社会事業」が+60.7％と名目生産額が拡大している。

※30：実質ベースの生産額については、実質化計算のベースとなる消費者物価指数の算定にあたって、例えばパソコン、テレビ、カメラなどの製品について、品質・機能の向上分を価格低下として算入するヘドニック法による品質調整がなされている。故に、コンピュータの容量拡大や処理速度向上など品質・機能の向上が著しい今日、電気機械産業の実質生産額の伸びが名目生産額に対して著し

他方、宿泊・飲食サービス業が-16.9％と減退し、卸売・小売業も0.7％減少しているが、先に検討した、家計消費における「こづかい」や交際費の大幅な減少に起因すると捉えられる。

②公共事業削減と建設業の衰退

建設業の名目国内生産額も2000年から2019年にかけて-14.7％減少しているが、「労働力調査」で建設業従業者数は2000年653万人から、2019年500万人、2023年483万人に縮小した。国土交通省「建設投資の見通し」によると、公共事業と政府建築工事を含めた政府の建設投資総額は、1995年度35.2兆円から2000年度30.0兆円、2005年度19.0兆円、2010年度18.0兆円、2015年度20.2兆円、2020年度24.1兆円と、新自由主義的改革が進められた1990年代後半から2000年代前半に大きく減少した。こうした公共工事の減少が、建設業の国内生産額と従業者数の大幅な減少につながった。

かつて、地方を中心に建設業の雇用を支えた公共事業は、輸出産業が立地する都市から農村への地域間所得再分配を通じて、社会統合機能を果たしていた。1990年代には日米構造問題協議と日米包括経済協議での米国政府の要求に従って630兆円の公共事業が実施されたが、新自由主義的改革を進めた橋本・小泉政権下で公共事業は大幅に削減され、所得再分配機能は失われた[31]。小泉政権下では、地方交付税など、国から地方自治体への財政支出削減をはかる「三位一体改革」を通じて市町村合併も進められ、公務員数削減によって安定的な雇用が失われ、地方経済の衰退を促進した。地方経済の衰退は、出生率の低い東京圏への人口集中を招いて少子化・人口減少を促進し、さらなる内需縮小の要因となっている。

本章を通じて、「失われた30年」と言われる長期の経済低迷の主因となった内需停滞、またそれを規定した人々の実質所得低下の要因が明確になった。冷戦終結後、「戦略的通商政策」を掲げて自国企業・産業の経済的覇権強

く大きくなる傾向がある。したがって、ここでは、現実の企業経営に影響する名目ベースでの国内生産額を用いて産業動向を検討した。
※31：後藤道夫『収縮する日本型〈大衆社会〉──経済グローバリズムと国民の分裂』旬報社、2001年などを参照。

化をはかる米国政府は、日本産業をライバル視して、市場開放など対日要求を続ける一方、豊富な低賃金労働力を背景に外資導入・輸出依存的成長をはかった中国とも連携して日本企業と対抗した。

　1990年代前半、こうした国際関係の変化や急速な円高、バブル崩壊によって日本経済は深刻な不況に陥った。1995年の「ドル高転換」も背景に、日本の輸出産業は輸出依存的成長の再現をはかったが、新たなライバルとして台頭したアジア諸国に対抗するためにさらなるコストダウン、とりわけ非正規雇用の拡大をはかる日経連「新時代の「日本的経営」」が打ち出された。

　日本政府は、経済界と米国の要求に従って労働法制改定や財政支出削減、新自由主義的改革を続けた。不安定・低賃金の非正規雇用者の増大、税制改革や社会保障支出削減による逆進性の強化によって格差・貧困が拡大し、2000年代には非正規雇用を利用して国際競争力を強化した輸出産業が成長を遂げた一方、実質可処分所得が減退して内需は低迷した。

　教育・住宅など年功賃金による生活保障が前提され続ける中での非正規雇用の増大は、少子化・人口減少を招いた。また財政支出削減の一環として公共事業削減や市町村合併が進み、建設業の雇用減や公務員削減によって地方衰退を招き、東京一極集中がさらなる少子化の要因となった。こうした内需縮減や輸入品の浸透によって、内需向け産業の衰退が決定づけられ、国内経済は縮小再生産に陥った。さらに、今後の大幅な人口減少が不可避となっており、内需の大幅で不可逆的な縮小を招くことは避けられない。

日本産業はなぜ、衰退しているのか？
―米国式経営、経済政策と供給力低下―

　前章では、1990年代初頭以来の「失われた30年」の要因について、格差・貧困を伴う実質所得の減退が内需縮小を招いた点を明らかにした。なお序章では日本産業の国内供給力の縮小が確認されたが、近年の日本産業は国際競争力を喪失し、貿易赤字が常態化している。本章では日本経済の供給面の衰退について検討する。

1. 国内生産能力の衰退と設備投資の縮減

　図3-1には、1980年代以降の製造工業全体と機械工業の国内生産能力と国内消費の動向（1997年＝100）を示した。これをみると1980年代から1990年代初めに製造工業全体の国内生産能力が増大しているが、とりわけ機械工業が大幅に増加している。国内消費は1990年代以降に伸びが鈍化するものの2010年代初頭まで増加が続いている一方、国内生産能力は1990年代後半以降に停滞・減退に転じている。

（1）国内生産能力の減退

　図3-1で、製造工業全体および機械工業の国内生産能力は、バブル崩壊後の1994年に落ち込んだ後に微増となり、1999年をピークに低下に転じた。さらに2001年から2004年に落ち込んでいるが、後述する小泉政権下の不良債権処理に起因するものと捉えられる。続く2005年から2008年にかけて生産能力は増大したが、機械工業で大きく拡大して1997年の水準を上回った一方、製造工業全体では最も回復した2008年でも95.8に過ぎない。このように2000年代半ばの好況期に機械工業とその他の製造業との国内生

図3-1：国内生産能力・国内消費の推移（1997年＝100）

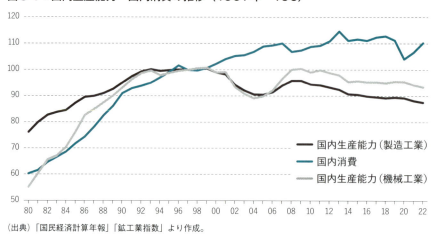

（出典）「国民経済計算年報」「鉱工業指数」より作成。

産能力の回復の違いが鮮明になったが、両者の乖離はその後も継続している。

2010年代以降、製造工業全体および機械工業とも国内生産能力の減退が続き、2022年の87.5および93.3まで低下した。国内消費も2013年をピークに停滞し、コロナ禍での減退を経て回復した2022年も、2019年の水準を下回っている。このように、国内消費の停滞・減退とともに国内生産能力の低下が明瞭で、日本経済は需要・供給両面で衰退している。

（2）産業別純投資額の推移

各産業の設備拡張投資額を示す産業別純投資額の動向を示した図3-2では、産業合計の純投資額は1995年約3.4兆円、00年約2.3兆円、05年約0.5兆円と減退し、11年には約-1.6兆円となっている。なお、各種統計に示される投資額および固定資本形成額は粗投資額であり、耐用年数を迎えた設備を新たな設備に取り換えるための更新投資額と生産能力拡大のための拡張投資額とをともに含んでいる。図3-2に示した純投資額は後者の拡張投資額のみを産業ごとに推計したものである[※1]。

※1：各産業の純投資額は、産業連関表の付帯表である「固定資本マトリックス」に示された各産業で行われた粗投資額から、取引基本表に示された各産業での資本減耗額を控除して推計した。

図3-2では1995年から2005年にかけて、機械工業を除いて各産業とも純投資額が減退しているが、インフラ産業と建設・不動産の落ち込みが顕著である。また流通部門は1995年以降一貫して、素材重化学工業は2000年以降に純投資額がマイナスとなっている。

　図3-2では好況下の2000年から2005年に、輸出産業である機械工業の純投資額が拡大した一方、農林漁業、軽工業、建設・不動産、流通部門、公共サービスなど内需関連の諸産業の純投資額は減少している。前章で述べたようにこの時期、非正規雇用者の拡大を通じて内需を犠牲にした輸出競争力強化がはかられ、機械工業を中心に輸出依存的好景気が現出した一方、個人消費および内需産業は停滞した。図3-2に示されたこの時期の純投資額における産業間の分岐は、こうした政策と景気・産業動向を反映している。

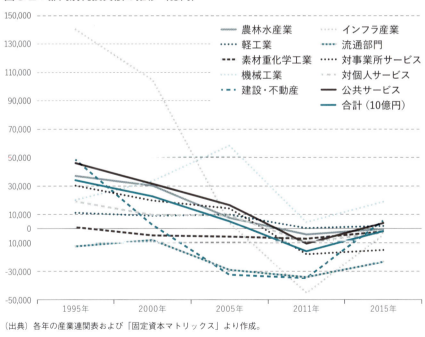

図3-2：部門別純投資額の推移（億円）

（出典）各年の産業連関表および「固定資本マトリックス」より作成。

2011年には各産業とも純投資額は大幅に減少し、機械工業と軽工業以外で純投資額はマイナスである。2015年に各産業の純投資額は増加したが機械工業も含めて2005年水準を下回り、2010年代には内需産業が停滞を続ける一方、輸出産業でも投資が停滞するようになったと捉えられる。

（3）企業経営の変貌

　このように設備投資の停滞が国内産業の生産能力の衰退、すなわち供給面での日本産業の弱体化につながった。前章で明らかにした内需縮小に伴う内需産業の国内生産減退が設備投資の停滞・縮小を招いただけでなく、図3-2では近年、輸出産業でも純投資額が停滞している。そこで、設備投資の減退について、企業経営の変貌の観点から考察を続けよう。

図3-3：企業経営の変貌（1997年度＝100）

（出典）「法人企業統計」「海外現地法人四半期調査」より作成。

図3-3には、「法人企業統計」から金融・保険業をのぞく全産業・全規模企業の国内での設備投資額と売上高、経常利益、内部留保、納税額、従業員人件費、配当金と、「海外現地法人四半期調査」から海外売上高、海外設備投資額、海外従業者数の推移（1997年度＝100とする指数）を示した。これをみると、1980年代までの日本企業では、内部留保の伸びが若干上回るものの、国内での売上高・経常利益・納税額・従業員人件費・設備投資・配当金はほぼ平行して伸びている。1980年代後半のバブル期には、経常利益と納税額の伸びに続いて設備投資も顕著に増大した。一方、2000年代以降は設備投資の伸びが売上高を上回ることがなくなっている。

前章で述べたように、国内設備投資の縮減については、賃金コスト削減による内需縮小と、安価な輸入品消費の拡大が日本産業への需要減を招いたことが要因となった。ただし、2000年代以降は経常利益が増大しても設備投資は抑制され、売上高も下回り続けており、需要面の停滞だけでなく、企業経営の変貌という供給サイドの要因も無視できない。

図3-3では1990年代末以降、売上高が低迷する中で、配当金と経常利益、内部留保が顕著に増大している。とりわけ2010年代には経常利益の大幅な増大にもかかわらず納税額は増加せず、前章で検討した税制改革に伴う法人税収の空洞化を反映している。また、設備投資と従業員人件費は停滞が続い

図3-4：日本産業・経済の衰退

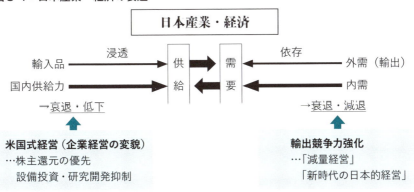

ており、多くの企業は、売上高が停滞する中で設備投資と人件費を抑制して短期的利益を拡大し、それを配当金と、利益準備金を中心とする内部留保に振り向けたことが明瞭である。

　こうした企業経営の変化が日本企業・産業の設備投資抑制を招き、国内産業の供給力減退につながった。さらに1990年代末以降、国内の設備投資と人件費が停滞した一方で、海外売上高、海外設備投資と海外従業者数が拡大している。

2. 米国の対日要求と企業経営の変貌

　企業経営の変貌を促した要因について検討しよう。前章で検討したように1990年代以降、「戦略的通商政策」を掲げた米国政府は、「年次改革要望書」を通じて日本市場開放を迫った。さらに司法制度改革、人材派遣の自由化、知的財産権の強化、患者負担増を含む医療制度改革、道路公団民営化、大規模小売店舗法の廃止、郵政民営化など、様々な制度の米国式システムへの改変も要求され、新聞再販制度などわずかな例外を除いて日本で実現された[2]。企業経営の変貌につながった会社・会計制度に関する対日要求も多く、表3-1には、日本で実施された会社・会計制度改革の内容を示した。

（1）米国式企業経営への転換──会社制度改革

①米国による系列批判と企業経営改革の方向性

　米国政府は1989年に開始された日米構造問題協議以来、日本企業の系列関係を批判し、株式持合い解消と株主重視の経営への転換を迫った。日本の大企業は高度成長期以来、系列内で株主相互持合い関係にあり、株主総会では持合い株主は経営陣の提案に反対することが少なく、株主の発言力は著しく制限されていた。1999年にOECDが報告した「コーポレート・ガバナンス原則」では、米英主導の事務局体制の下で「株主…の利害に高度の優先順

※2：要求の具体的内容と日本側の受容・制度化の経緯については、関岡英之『拒否できない日本』文藝春秋、2004年；萩原伸次郎『日本の構造「改革」とIPP─ワシントン発の経済「改革」─』新日本出版社、2011年；小川賢治「日本の政策決定における米国の影響」（京都学園大学人間文化学会『人間文化研究』第36号、2016年3月）などを参照。

表3-1：1990年代～2000年代の主な会社・会計制度改革

施行・実施時期	事　項	内　容
1989-90年	日米構造問題協議	「系列」批判
1993年	商法改正	株主代表訴訟の簡素化・低費用化
1994年	商法改正	自社株の取得が解禁、株式消却の条件緩和
1997年	商法改正	ストックオプションの解禁（株主総会での議決）
	独占禁止法改正	持株会社の解禁
1999年	商法改正	株式交換制度の創設（国内企業に限る）
	会社分割法制	企業の分社化・リストラが容易に
1999年度	金融商品取引法改正	上場企業にキャッシュフロー計算書の作成義務付け
2000年度	企業会計基準第10号	売買目的で保有する金融商品の時価会計導入義務付け
2001年4月	企業会計基準委員会の設置	企業会計・監査基準の策定を企業会計審議会から移行
2001年	商法改正	「金庫株」（自社株保有）解禁（株主総会の議決で）
2001年度	企業会計基準第10号	持合い株への時価会計義務付け
2002年	商法改正	委員会等設置会社（社外取締役含む）設立可能に
2003年	商法改正	取締役会の判断で自社株購入可能に
2005年度	企業会計基準適用指針第6号	固定資産への減損会計の義務付け
2006年5月	会社法施行	株式交換制度が外資にも解禁
2006年度	企業会計基準適用指針第6号	「のれん代」の一括償却禁止
2010年度	企業会計基準第26号	包括利益の開示義務付け
2014年	会社法改正	社外取締役置かない上場企業は株主総会で理由説明義務
2019年	会社法改正	公開会社・大企業に社外取締役を義務付け

（出典）筆者作成。

※3：OECDの「コーポレート・ガバナンス原則」については、平田光弘「OECDのコーポレート・ガバナンス原則」（東洋大学『経営研究所論集』第24号、2001年）；ロナルド・ドーア『誰のための会社にするか』岩波書店、2006年、32-33頁を参照。

位を与える」※3 と明記され、株主による経営監視や株主還元を強化する方向での経営改革が日本でも推進された※4。

②自社株買いの解禁

1993年商法改正で株主が経営陣を訴える株主代表訴訟の簡素化、1994年には株価上昇につながる自社株買いの解禁と株式消却（自社株を購入して消滅させること）の規制緩和が実現した。企業が自社株を購入ないし消却すると、発行済み株式数が減少して株価上昇につながるほか、1株当たりの配当額が増える点でも株主に利益をもたらす。1997年商法改正では経営者報酬として自社株式を付与できるストックオプションが解禁され、2001年にはストックオプション付与の対象が取引先・関連会社役員にまで拡大されたが、株価上昇が経営者個人の利得に直結し、経営者と株主との利害の一致につながった。2001年商法改正では、取得した自社株を保有し続ける「金庫株」が株主総会決議を条件に解禁され、2003年改正では取締役会判断でも可能になった。

③企業買収・合併の容易化と高株価志向

また、米国の要求も背景に、企業再編や買収手続きの円滑化をはかる制度改定も進められた。1997年の独禁法改正で持株会社が解禁、1999年に会社分割法制が制定され、分社化や事業売却など経営再編を進めやすくなった。また同年に株式交換制度が解禁、2006年施行の会社法では外資系企業も利用可能となった。こうして、子会社株を用いた三角合併による企業買収が容易になったが、他企業の買収・買収からの防衛の両面で高株価が有利となることから、株価上昇につながる株式還元拡大が志向されるようになった。

このように、米国の要求を背景とした会社制度改革は日本企業が配当や自社株買いなど株主還元を強化する誘因となり、人件費や設備投資を抑制して収益及び内部留保の拡大を招いたことは、図3-3でも明瞭に示されている。

※4：日本における米国式経営への転換の経過については、ドーア前掲書；菊池信輝『日本型新自由主義とは何か』岩波書店、2016年；柚木澄「アメリカ式経営の導入と日本的経営」（『経済』2020年11月号）を参照。

④米国式経営形態の導入

2002年商法改正で企業統治制度について、米国式経営形態である委員会等設置会社が認められた。同形態の企業では取締役と執行役とが分離され、株主から選出される社外取締役を中心とする指名・監査・報酬委員会が執行役の人事や報酬の決定権を握り、株主利益を優先する企業経営が追求される。

米国式統治制度は、2006年施行の会社法では委員会設置会社、2014年の同法改正では指名委員会等設置会社と言われるようになった。株主に占める機関投資家の割合が高まっているが、機関投資家にとって短期的な運用成績向上が至上命題となるから、株主利益を優先する米国式経営を導入した企業では、短期的収益拡大と利益からの配当増が求められる。なお、会社法では、株式会社の配当は「利益の配当」から「剰余金の配当」へ変更され、配当回数の制限も撤廃されたため、当該年度決算が赤字であっても、これまでに積み立ててきた利益剰余金や資本剰余金など内部留保を取り崩して赤字配当が行われるケースも増加している[5]。

(2) 米国式企業経営への変革が何をもたらしたか

こうした株主を優先する米国式企業経営への変革が何をもたらしたか、かつて米国式経営導入の「優等生」と言われたソニーと東芝の事例を検討しよう。

2005年に日本コーポレート・ガバナンス研究所が上場企業を対象にした調査で「株主の観点からの統治や、最高経営者の責任体制などに関する回答を分析」し、「これを指数化し企業統治の評価を百点満点で表した」企業統治指数では、東芝が86点で首位、ソニーが83点で3位となっていた[6]。

①ソニーのケース

ソニーでは1995年に就任した出井伸之社長が執行役員制度の導入や社外取締役の起用など日本的経営からの脱却を進め、2005年には英国人のハ

※5：國島弘之「株価高騰と株主〈投資ファンド〉主導型コーポレート・ガバナンス」(『経済』2024年9月号)、121頁。
※6：『日本経済新聞』2005年12月1日付け朝刊。

ワード・ストリンガーCEOが就任した。ストリンガーCEOは就任直後、経営アドバイザーに招聘したジャック・ウェルチ氏の進言も背景に、当時収益性が低下していた半導体部門の売却を進めようとしたが、製品事業担当役員の反対により断念した。

ストリンガーCEOは、短期的収益が見込める音楽・映像分野を中心に積極的なM&Aを展開したが、エレクトロニクス事業の再建に失敗し、連結最終損益（米国会計基準）が2008年度から2011年度まで4年連続で赤字に陥り、2012年に退任した。2012年以降のソニーは業績が回復したが、売却を免れた半導体事業部が開発し、スマホのカメラ部分に搭載が進んだCMOSイメージセンサーの売上が大きく貢献した[7]。なお、ロナルド・ドーアは「〔米国式の―引用者〕新制度を率先して取り入れたソニーの業績がつまづいて、新制度にそっぽを向けたトヨタやキヤノンが大繁栄し」[8]たと評している。

②東芝のケース

2015年に発覚した東芝の不正会計事件を調査した第三者委員会報告書では「歴代3社長が激しく利益かさ上げを迫る「チャレンジ」」、すなわち「当期利益至上主義の下で、各社内カンパニーに対して目標達成のプレッシャーを与え」た結果、利益かさ上げを偽装する不正会計が発生したことが明らかにされた。その要因について、「利益至上主義が企業風土としてあったことが背景にある」とされる。東芝は1998年執行役員制導入、2001年社外取締役導入、2003年委員会等設置会社への移行など米国式経営を積極的に導入したが、経営トップは「コーポレート・ガバナンス体制の根幹である委員会制度を私的な権力欲に活用し」、「経営者の権力は、コーポレート・ガバナンスが時代の風潮に乗った新奇な制度であり、それが株主重視を標榜して行使されるから、かえってそのような権力行使に歯止めが利かなかった」[9]と評価されている。こうして米国式経営を導入した東芝は、経営陣から事業部門への強硬な短期利益向上要求が会計不正と経営破綻につながったのである。

このような両社の経営の失敗を踏まえると、株主利益を優先する米国式経

※7：斎藤端『ソニー半導体の奇跡』東洋経済新報社、2021年を参照。
※8：ドーア前掲書、91頁。
※9：松村勝弘「東芝不正会計事件はなぜ起こったか」（『証券経済学会年報』第51号別冊、2017年1月）、1-11-8頁。

営を導入した日本企業は、短期的利益拡大に邁進し、中長期的視点からの設備投資や研究開発の抑制を招いて企業自体の持続性が失われる事態に至ることが懸念される。

（3）株主の立場からの会計制度改革——国際会計基準の導入

①国際会計基準の導入

1990年代末以降、会計制度のグローバルスタンダードとしての国際会計基準の導入を中心に、日本の企業会計制度は大幅に改定された。具体的にはリース資産の計上をめぐる会計処理方法の変更や、従業員への退職給付に備えた引当金の積立不足分を債務に含める退職給付会計、親・子会社を含むグループ企業全体の経営状況を報告する連結会計の導入など、企業に投資する株主の立場からの企業評価が基調を成した。国際会計基準審議会の審議委員14名の構成では、米英両国を含むアングロサクソン系諸国出身者が過半を占め、委員の人選を行う指名委員会の代表、審議会の予算権限を有する評議委員会の議長とも米国出身者が占めていた[10]。

②キャッシュフロー会計と設備投資の抑制

日本では1999年度から、上場企業に対して、営業活動・投資活動・財務活動を通じた資金の流れと残高をまとめたキャッシュフロー計算書の公表が義務付けられた。キャッシュフロー計算書では「設備投資や有価証券投資の拡大は、キャッシュフローをマイナス表示する」ことになり、「長期的視点に立った経営戦略を弱めることに作用」[11]した。

③時価会計と企業集団の解体

企業が保有する有価証券など金融資産の会計処理に関して、2000年4月から売買目的で保有する金融資産について、2001年4月からは長期保有する持合い株の資産額についても、従来の取得原価評価を改め、決算時の証券

※10：関岡前掲書、91-97頁を参照
※11：熊谷重勝「キャッシュフロー計算書」（小栗崇資・熊谷重勝・陣内良昭・村井秀樹編『国際会計基準を考える』大月書店、2003年所収）、181頁。

価格を基準とする時価評価が義務付けられた。当時、株価低迷下で保有株式の時価が簿価（当時は取得原価）を下回る「含み損」を抱えていた多くの日本企業は、時価会計の導入で資産額の目減りによる評価損を計上しなければならず、それを避けるために持合い株の売却を迫られた。

　株価急落による銀行経営の悪化に伴う貸し渋り対策を名目に政府は2002年1月に銀行等保有株式取得機構を設立し、日本銀行も同年9月の金融政策決定会合で銀行保有株式の買い入れを決定し、政府・日銀が持合い株の解消を支援した。こうして、株式相互持合いを紐帯に系列を形成し、系列内での取引や人的交流を通じて結びついてきた6大企業集団が解体された。一方、放出された持合い株の買い取りを通じて機関投資家を含む外国人による株式保有が増大し、株主還元の拡大を求められる要因となった[12]。経団連役員企業の外国人等保有持株比率は、1990年の6.34％から2000年20.32％、2010年28.03％、2019年には31.23％へと高まった[13]。

④減損会計と研究開発・設備投資の抑制

　2006年3月期決算から上場企業および大企業には、工場設備を含む事業用固定資産について、当該事業の収益性が低下して投資額を回収する見込みが無くなった場合に帳簿価額を減額させなければならない減損会計が強制適用された。こうした減損会計の強制適用は、収益性が低い事業や部門の分社化やリストラとともに、すぐに収益が見込めない新分野への研究開発や設備投資を抑制する要因となった。

⑤企業買収の容易化

　さらに2006年度から国際会計基準適用企業では、企業買収の際に要した買収額が被買収企業の純資産額を上回る分である「のれん代」の定期償却が不要になった。日本国内の会計基準では、「のれん代」は20年以内に減価償却という形で費用に計上することが義務付けられ、買収後の経営にとっての負担となるが、国際会計基準適用企業はこうした負担を免れることができ、

※12：鈴木健『六大企業集団の崩壊』新日本出版社、2008年。
※13：佐々木憲昭『日本の支配者』新日本出版社、2019年、76-91頁。

企業買収が容易になった。こうした企業買収の容易化は、先述のように、買収からの防衛のために高株価が一層志向される要因となった。

（4）米国金融資本の狙いと日本企業の変貌

このように会計制度改革は、企業買収の容易化とともに、短期収益に左右される株価など金融市場の動向が経営に及ぼす影響を増幅させた。すなわち、角瀬保雄氏が「アメリカ型会計基準の時価評価、キャッシュフロー会計の導入は、短期的な利益の追求と、不良債権の処理などアメリカの金融資本や投機家が日本の企業や事業を買い叩くためのインフラ整備をしようとするものでしかなく、企業経営の健全な発展に貢献するものとはなっていません」[14]と断じているように、日本企業に対して、中長期的視点からの設備投資・研究開発の抑制と短期的収益の追求、高株価志向を促したものと考えらえる。なお、高株価の実現のためには、配当の増加とともに自社株買いによる発行済み株式数の縮小も有効であるが、自社株を購入するためにはその原資となる内部留保の積み上げが前提となる。こうして、図3-3に示されたように、人件費と設備投資を抑制しつつ、経常利益とともに配当と内部留保の拡大に帰結した企業経営の変貌を招いたものと捉えられる。

（5）不良債権処理と分社化・リストラ

①「年次改革要望書」と不良債権の直接処理

こうした会社・会計制度改革が進められる中、米国政府は「年次改革要望書」を通じて、銀行のかかえる不良債権の直接処理を要求し、2001年に発足した小泉政権はそれを忠実に実行した。

銀行の不良債権処理については、経営不安に陥っている貸出先への融資を続けながら、貸出先の経営破綻に備えて積み立てる貸倒引当金を増額する間接処理と、経営不安に陥った貸出先への融資を停止し、回収が懸念される貸出金を資産から取り除く直接処理とに分かれる。

※14：角瀬保雄『企業とは何か』学習の友社、2005年、120頁。

直接処理の場合には、融資を停止された貸出先は経営破綻に至る場合が多く、収益性の低下した企業の倒産・廃業が広がった。1999年以降、金融監督庁および金融庁は銀行に対して、貸出先の資産査定や、貸出先の破綻に備えた引当金の計上方法などをまとめた「金融検査マニュアル」を作成し、これをもとに金融機関の業務の健全性について検査官が立入検査を行った。

②「金融再生プログラム」と銀行破綻

　2002年10月に竹中金融担当大臣は不良債権の直接処理を促進するために「金融再生プログラム」を発表し、金融検査における資産査定の厳格化、不良債権区分の統一、繰延税金資産の査定の適正化、経営健全化計画が未達成な銀行に対しては業務改善命令を出す方針を示した。その後、金融庁検査をめぐり検査忌避をはかったとしてUFJ銀行（当時）の役員3名が逮捕された。また、繰延税金資産の処理方法の変更を命じられたりそな銀行や足利銀行は、同資産の減額によって自己資本が大きく縮小した。資本不足に陥ったりそな銀行は経営陣の交代、さらに公的資金の注入を受けて再建をはかった。一方、債務超過に陥った足利銀行は経営破綻を余儀なくされ、同行の全株式は預金保険機構に買い取られ、一時国有化された。

　こうした金融庁の厳しい対応を背景に、2002年から2005年にかけて各銀行は不良債権の直接処理を進め、貸出に占める不良債権比率は急速に低下した。不良債権処理における貸出先の「健全」性や「不良」債権の評価基準は、基本的に単年度利益であり、貸出先の企業は不良債権認定、さらに経営破綻を免れるために短期的収益性を高めることを迫られた。

③広がる企業倒産

　不良債権処理の強行は企業倒産の拡大につながった。厚労省「雇用保険事業年報」によると、2002年から2004年にかけて企業の廃業率が開業率を上回り、年平均の完全失業率も2000年4.7％から2002年5.4％、2003年5.3％と高水準で推移した。図3-1で製造工業全体および機械工業の国内生産能力

も2000年代前半に大きく低下しており、不良債権処理が国内生産能力の調整・縮小を促したことが明らかである。不良債権の直接処理は、貸出先資産の減額を通じて銀行経営にも深刻な影響を及ぼし、金融機関の破綻や合併が増加し、かつて6大企業集団のメインバンクであった6大銀行を中心とする都市銀行は、三菱UFJ、三井住友、みずほの3大グループに集約された。こうした金融再編は、株式相互持合いの解消とともに大企業間の系列関係を弱め、海外投資家や海外金融機関の日本株保有の拡大を招いた。

④「ハゲタカファンド」の進出

不良債権処理の対象となった不振企業を安値で買収し、雇用等のリストラを通じて収益性を高め、再上場して高値で株を売却する「ハゲタカファンド」が進出した。米国の投資ファンドのリップルウッド・ホールディングスが主導する投資組合「ニューLTCBパートナーズ」は2000年3月、債務超過の補填や保有資産・株式の買い取りなど日本政府が4.5兆円超の公的資金を投入してきた旧日本長期信用銀行（長銀）の株式を10億円で購入し、1200億円の増資に応じたうえで新生銀行として営業を再開させた。

株式売買時に同投資組合が長銀・預金保険機構と締結した売買契約には、実質価値が2割以上減価した貸出債権を当初価値で預金保険機構が買い取ることを定めた瑕疵担保契約が含まれ、この契約に基づいて6000億円超の不良債権を預金保険機構が買い取った。新生銀行は貸出金を3年で半減させるほどの不良債権処理を行い、多くの貸出先の倒産を招いた一方、瑕疵担保契約に基づく債券買い取り収入も寄与して利益を計上した。2004年2月に新生銀行が東京証券取引所に再上場した際には、時価総額は7132億円、すなわち投資組合が当初支出した1210億円の約5.9倍に膨らんだ。

さらにリップルウッドは、宮崎県のリゾート施設シーガイヤや日本コロンビアなども安値で買い取り、リストラを行った後の再上場によって巨額の収益を獲得した。このように不良債権処理の過程で、投資ファンドなどの金融業者が不振企業の買収と売却を通じて巨額の利益を獲得する一種のマネー

ゲームを展開し、日本企業がマネーゲームの対象として売買され、そこで働く人々、さらには取引先や立地地域などが翻弄された。

⑤不良債権処理と技術流出

このような政府主導の不良債権の直接処理の強行を受けて、複数の事業部門を抱える大企業の中では、不採算部門を分社化してリストラ・売却する動きが広がった。米国の対日要求も背景に1999年に制定された会社分割法制によって、事業の分割・分社化、従業員の新事業会社への転籍が容易になったことから、事業部門ごとの分社化や、事業子会社を束ねるホールディングスに移行する大企業が増加した。こうした企業形態への移行は企業グループ全体の収益性の向上のために、分社化した不採算部門の売却、同業他社の類似部門との統合によるリストラを可能とした。さらに前章で述べたように、労働法制改定によって雇用形態の多様化も進められたため、事業再編の過程で非正規雇用者の割合が高まり、賃金水準低下につながった。

総合電機メーカーでは、台湾・韓国企業の台頭で業績が悪化していた半導体事業や家電事業などの分社化や海外移転、事業撤退が進められ、とりわけ半導体事業については各社の半導体部門を統合してエルピーダメモリやルネサスエレクトロニクスが設立された。こうした分社化の過程で人員整理や海外企業との提携も進められたが、人員整理の対象となった人材の海外企業による引き抜き、提携先の海外企業への技術流出によって研究開発能力や生産技術が海外企業に移転し、日本企業の国際競争力の低下につながった。

⑥市場・収益性原理に基づく過剰生産力調整

このように、米国の対日要求に従って強行された不良債権の直接処理は、やはり米国の要求を背景にした会社・会計制度改革も相まって、短期収益性・市場原理に基づいた過剰生産能力の調整を促進した。短期収益志向の経営では「今儲かる」分野のみに注力され、現在の収益性は低いものの中長期的に意義を持つ産業技術の研究開発や、現場で技術・ノウハウが継承されて

※15: 丸山恵也「「ものづくり」の危機と企業ガバナンス改革」（大西勝明・小坂隆秀・田村八十一編著『現代の産業・企業と地域経済』晃洋書房、2018年所収）を参照。

きた長期雇用が軽視されがちになる[15]。不良債権処理が迫られる中で、短期的収益向上をはかる不採算部門売却・人員整理が外国企業への技術流出につながり、産業競争力の低下に結果した。

第1章では、高度成長終焉後の1970～80年代における特定不況産業安定臨時措置法（特安法）による生産調整について検討した。特安法では政府介入により企業の経営破綻を防ぎ、計画的な生産能力の調整が進められたため、不況業種であった素材産業の技術流出を免れることができた。不況下における生産調整をめぐる公的関与のあり方の違いが、中長期的な国内供給力と産業競争力に甚大な影響を及ぼすことは看過できない。

(6) コーポレートガバナンス改革

①民主党政権から第2次安倍政権へ

上記のように1990年代から2000年代、米国の対日要求に従って、株主優先の米国式企業経営への転換を迫る会社・会計制度改革が進められた。こうした流れに対して日本経団連は2006年、「我が国におけるコーポレート・ガバナンス制度のあり方について」を公表し、社外取締役など米国式企業統治制度の日本への導入を批判し、この時は社外取締役の義務付けは見送られた。さらに、2009年に政権交代を達成した民主党の鳩山政権は、新自由主義的改革の司令塔となってきた経済財政諮問会議の廃止や郵政民営化の中止など、それまでの新自由主義的政策を改め、日米規制改革委員会の廃止に伴って「年次改革要望書」も停止された。

しかし、2010年の鳩山首相退任後の菅・野田内閣は、環太平洋経済連携協定（TPP）への参加や消費増税を打ち出すなど、再びグローバル化・新自由主義的方向に政策転換した[16]。2012年末の総選挙で「聖域なき関税撤廃のTPP参加に反対する」と公約を掲げて政権を奪還した第2次安倍政権は発足早々、財界メンバーを加えた経済財政諮問会議を復活させ、2013年3月にTPP交渉への参加を表明した[17]。安倍政権は、「日本経済の再生に向け

※16：菅・野田政権期の民主党政権の経済政策の変質については、山家悠紀夫『日本経済30年史』岩波書店、2019年、208-222頁を参照。
※17：萩原伸次郎『「新しい資本主義」の真実』かもがわ出版、2023年、95-106頁を参照。

た緊急経済対策」の中で「世界で一番企業が活動しやすい国」をめざすことを掲げ、企業支援の姿勢を鮮明にした。

②社外取締役の義務付け

安倍政権が成長戦略の一環として掲げた「日本再興戦略2014」では、「コーポレートガバナンスの強化により、経営者のマインドを変革し、グローバル水準の自己資本利益率（ROE）の達成等を一つの目安に、グローバル競争に打ち勝つ攻めの経営判断を後押しする仕組みを強化していくこと」を通じて「企業の「稼ぐ力」…を高め」ることが明記された。

これを受けて、東京証券取引所は金融庁と共同作成した原案をもとに2015年6月、株主の権利・平等性の確保、株主以外のステークホルダーとの適切な協働、適切な情報開示と透明性の確保、取締役会等の責務、株主との対話を基本原則とする「コーポレートガバナンス・コード」を上場規則として施行した。一方、2014年会社法改正では上場企業が社外取締役を導入しない場合には株主総会での説明が必要になり、2019年改正では社外取締役の選任が義務付けられた。社外取締役は他の取締役と同様に株主によって選任されるが、業務執行を行わず、就任企業およびその親・子会社、経営陣等と利害関係を持たないことが条件とされていることから、株主利益を最優先することが想定される。

上記のように日本経団連は2006年に社外取締役の義務付けへの反対を表明していたが、安倍政権は日本の財界の反対すら押し切って、米国式経営の導入をはかった。法人企業の経営動向を示した図3-3では、社外取締役の導入を促す政策が推進された2014年以降、配当が急激に増大しており、日本企業の株主重視の姿勢がいっそう強化されたことが明白である。

③コーポレートガバナンス改革とその狙い

上記のように「日本再興戦略2014」では、ROE（＝当期純利益÷自己資本）で示される「稼ぐ力」の強化が政策目標とされた。株主の権利を尊重する

コーポレートガバナンスが「稼ぐ力」の強化につながり、経営者から独立して株主の利益を代表する「独立社外取締役」が「社外の知見・経験を活用し、…変革の時代を切り開いていく」こと、さらに「機関投資家サイドからの上場企業に対する働きかけ」による設備投資拡大が期待されている。機関投資家を含む株主の意向・利益を重視した企業経営が、ROEに示される企業の「稼ぐ力」を高め、設備投資の拡大など「中長期的な企業価値の創造」につながるものと捉えられている。

しかし、機関投資家を含む株主は保有する持分をいつでも処分できる資本家であり、配当収入や高株価につながる短期的収益を志向する面は否定できず、単年度のROE向上や株主・投資家との対話がどうして「中長期的な企業価値の創造」に結びつくのか、説得的な説明はなされていない。

むしろ図3-3では2010年代半ば以降、配当や内部留保がさらに拡大を続けている一方、人件費や設備投資は低迷を続け、上記の期待とは反対の帰結に至ったものと捉えられる。コンサルタントやベンチャーキャピタリストなど実務経験者を含めて、単年度のROE向上は配当の増大による株主＝投資家利益の拡大につながる一方、経営の短期収益志向を強め、中長期的観点に立った研究開発や設備投資を阻害したとの評価も少なくない[18]。

④ GPIFの資産運用変更と米国金融資本

さらに安倍政権は2014年10月、年金保険料として国民から集めた公的年金資産を運用している年金積立金管理運用独立行政法人（GPIF）の運用方針を転換し、国内債券の比重を下げ、国内株式・外国債券・外国株式の構成を高めた。日本の公的年金基金運用に関する投資顧問や運用委託事業の拡大をはかる米国金融業界の狙いを背景に、1995年の日米包括経済協議の金融に関する合意文書では、GPIFの前身である年金福祉事業団の資産運用に投資顧問会社の参入が認められた。

しかし日本政府は、日本国債中心の安全な運用を維持したため、海外金融機関の参入が事実上制限されてきた。安倍政権による運用方針転換を受けて、

※18：手島直樹『ROEが奪う競争力』日本経済新聞出版社、2015年；原丈人『「公益」資本主義』文藝春秋、2017年；三和裕美子「ヘッジファンド・アクティビズムと現代企業」（『経済』2016年12月号）；國島前掲論文などを参照。

GPIFの投資顧問契約・運用委託先として外国金融機関の比率が高まり、20年来の米国金融業界の要求が貫徹した。こうして国内金融市場・証券市場における米国金融業者の影響力が一段と増し、日本企業は株主優先の企業統治を一層促されることとなった。

⑤対米従属としての「アベノミクス」

こうした米国の要求を背景とした政策決定過程を検討した坂本雅子氏は、「安倍内閣の成長戦略のほとんどの項目は、…米国の要求に基づいて…、二十数年間で日本政府がまだ実現できなかった項目を、まるで宿題を大急ぎで果たすように、すべて総決算しようと」するもので、「「日本再興戦略」は、…すべてが日本資本主義の構造そのものを転換させるための政策となってい」る。「その目指す構造転換の一つは、日本の資本主義を…米国型の「機関投資家資本主義」とか「ファンド資本主義」あるいは「新しい金融化」などと呼ばれる構造」、「機関投資家、すなわち大株主にのみ顔を向けた経営を企業に強いる体制であり、大多数の日本企業に長期的成長への途を閉ざし、外資の蚕食・跳梁にまかせる転換を強いる政策である」と断じている[19]。また財界史研究者の菊池信輝氏も、「2014年6月に閣議決定した「新成長戦略」」に示された、「法人税減税とコーポレート・ガバナンスの強化、…GPIF…の株式への投資、働き方の改革、外国人材の活用といった内容は、外国人投資家に対するアピールという面が強く、特にコーポレート・ガバナンスの強化によって企業資産の有効利用を強制する安倍の姿勢は、日本企業経営者の疑心すら生んだ。かつてのサッチャーのように、安倍は日本の財界すら嫌がる改革を行おうとしていた」[20]と評している。

（7）改革の帰結

①米国式経営の導入

このように株主利益を優先し、短期収益性を追求する企業経営の変化が、

※19：坂本雅子『空洞化と属国化』新日本出版社、2017年、374-375頁。
※20：菊池前掲書、205頁。

日本産業の供給力および国際競争力の衰退に帰結した。

米国の経営学者のマイケル・ポーターは1992年、25人の研究者が参加したハーバード・ビジネス・スクールとCouncil on Competitivenessが主催した2年間の研究プロジェクトの成果を基に、米国と日本やドイツの企業経営を比較する論考を発表した[21]。この中でポーターは「米国の制度は、まず第一に、米国企業の長期的な業績を犠牲にしてでも、目先の株価上昇に関心を持つ株主の目的を達成するものである」と捉え、こうした経営のあり方が米国産業の競争力低下に帰結したと評している。短期志向の株主が多い米国に対して、日本の株式持合いに代表されるように、日本やドイツには将来性を見極めたい半永久的株式保有者が多く、継続的な研究開発や設備投資によって企業の長期的な成長が可能となっている。米国経済全体の繁栄のためには長期保有株主の優遇、顧客・サプライヤー・従業員・地域社会の経営参画など経営システム全体の改革が必要であると論じた。先に検討したように、1990年代以降に米国政府の対日要求を背景に進められた日本の会社・会計制度改革は、こうしたポーターの提言とは逆に、短期収益志向の米国式経営を日本に導入したものに他ならなかった。

②「株式市場の逆機能」と投資抑制

スズキトモ氏は、1990年代末以降の日本の上場企業で、配当と自社株買いによる企業からの株主還元額が株主からの資金調達額を上回り続けている現実を「株式市場の逆機能の20年」[22]と捉えている。そして、成長率が低下して売上が伸びない日本では、利益拡大や株価上昇が人件費や設備投資、研究開発の削減によって実現してきたため、「利益や株価が、…実体経済や市民生活の幸福感との間の高い連関性を失った」[23]と述べている。

このように、企業経営の株主利益優先・短期収益性志向への転換が、日本製造業の投資減退を招き、生産能力と技術力の喪失を招いた。従来は長期的視野での研究開発や技術開発、長期雇用に基づく人材育成によって技術力・競争力を高め、成長を遂げてきた日本企業であったが、会社・会計制度改革、

※ 21：Michael E. Porter, 'Capitalism Disadvantage: America's Failing Capital Investment System,' *Harvard Business Review*, 1992. September-October. https://hbr.org/1992/09/capital-disadvantage-americas-failing-capital-investment-system（2025年2月14日閲覧）なお、引用部分は筆者が邦訳した。

機関投資家を含めた外国人株主の影響力拡大を背景に、株主優先・短期収益性追求の経営へと変貌した。こうした企業経営の変貌は、図3-3に示されたように1990年代末以降の人件費と設備投資の抑制、他方で経常利益、配当および内部留保の増大を招いた。そして、第2章で検討したように人件費抑制は格差・貧困の広がりを通じて内需の減衰につながり、前節で検討したように設備投資抑制が国内供給力の衰退を招き、次章で明らかにする日本産業の国際競争力低下にも帰結した。

③昨今の株高の内実

なお近年、日本の大手企業は史上最高益をあげ、バブル期を上回る株高が現出している。内需も国際競争力も衰退する中での利益拡大は、円安による海外収益の円建て換算額の増大に加え、人件費や設備投資を抑制して内部留保や株主還元を増大させた企業行動、金融緩和の継続や新NISA推進政策に伴うバブル的株高にも起因するものと捉えられる。とりわけ企業行動と株高に関しては、配当や自社株買いによる企業からの株主還元額が株主からの資金調達額を大幅に上回り続け、日本企業とそこで働く従業員が培ってきた技術や生産能力、競争力の果実、さらに将来の技術開発や成長への原資が食い潰され、株主還元を通じて外資を含む投資家に簒奪されていることを示している[24]。

3. 既得権優先の経済政策 —「アベノミクス」の帰結—

米国式企業経営の導入が国内産業の供給力低下を招き、日本経済衰退の供給面の要因となった。次に、日本政府の政策が産業・経済に及ぼした影響について、第2次安倍政権が打ち出し、その後の菅・岸田政権に継承された「アベノミクス」を中心に検討しよう。

※22：スズキトモ『「新しい資本主義」のアカウンティング―「利益」に囚われた成熟経済社会のアポリア―』中央経済社、2022年、80頁。
※23：同上、51頁。
※24：山田博文『「資産運用立国」の深層―アメリカの金融覇権とくらしの危機―』新日本出版社、

（1）金融緩和の意図と効果

①量的・質的な金融緩和

　2012年末に成立した第2次安倍政権は、大胆な金融政策、機動的な財政政策、民間投資を喚起する成長戦略を経済政策運営の「3本の矢」に掲げた。「デフレ脱却」をはかる金融政策に関して、安倍政権が指名した黒田日銀総裁は2013年4月に量的・質的金融緩和を導入した。「量的」な面では、金融政策の操作目標を、金利（銀行間市場における無担保金利であるコールレート）の水準から、マネタリーベース（現金通貨量と市中銀行が保有する日銀預金口座残高の合計）の量に変更し、マネタリーベースが年間60〜70兆円（2014年10月以降は80兆円）のペースで増加するように金融市場調節、具体的には市中銀行から国債を中心とする有価証券を買い入れ、その代金支払いを通じて市中銀行の保有する日銀預金残高を増加させることを決めた。その結果、現金に換金可能な市中銀行の持つ日銀預金残高、すなわちマネタリーベースは大きく増大し、銀行が貸出ししやすい状況が生み出された。

　「質的」側面としては、日銀が買い入れる有価証券について、より残存期間の長い長期国債の買い入れ、ETF（上場投資信託）を通じた株式購入、J-REIT（不動産投資証券）などリスク証券の買い入れを拡大することを決めた。日銀による株式購入拡大は株価上昇につながり、J-REIT購入拡大は不動産価格上昇とともに都市再開発事業を後押しした。そして、物価上昇率2％の「物価安定の目標」を、2年程度を目途に実現すると公約した。2014年10月からは、マネタリーベースの年間増加目標額は80兆円に引き上げられたが、目標は達成されず、目標達成時期は度々先延ばしされた[25]。

②「インフレ目標」達成の失敗――金融政策の限界

　金融緩和によって物価目標が達成できなかった理由を、通貨供給の仕組みを踏まえて検討しよう。量的緩和の政策目標とされたマネタリーベース

2024年を参照。
[25]：金融緩和の経緯については山本謙三『異次元緩和の罪と罰』講談社、2024年を参照。

は、現金通貨量と市中銀行の持つ日銀預金残高で構成されるが、2017年12月時点で後者の割合は77.0％、また2012年12月からの5年間で前者の増加率23.2％に対して、後者は8.4倍に増加した。このように、金融緩和を通じて主に拡大したのは市中銀行が持つ日銀預金残高であり、これはすぐに現金に換金できるから、市中銀行の手持ちの資金が8.4倍に増加したことを意味する。

　他方、日本経済全体の通貨量を示すマネーストックは、現金通貨量と、中央政府と金融機関以外が保有する預金残高である預金通貨量（人々は預金決済によって売買可能なので、預金残高は事実上、現金通貨を保有していることと変わらない）から構成され、大半は後者によって構成される。そして預金通貨量は、企業や個人が銀行から借り入れを行い、借入額が債務者の銀行口座に記帳されること（信用創造）を通じて増加する。

　量的・質的金融緩和を受けて、マネタリーベースの年平均増加率は2013年34.4％、2014年43.2％、2015年34.0％、2016年25.0％、2017年17.0％と高い伸びが続いたが、マネーストック（M3）増加率は同期間に0.5％、1.4％、0.9％、2.5％、1.6％にとどまっている。こうしたマネタリーベースとマネーストックの乖離は、前者は銀行の手持ちの現金の増加、すなわち銀行が貸出ししやすい状況が続いたにもかかわらず、企業や個人の銀行からの借り入れが増えなかったことに起因する。

　平均賃金の低迷・減退に伴う内需の縮減と住宅ローン借り入れの伸び悩み、また企業の設備投資抑制によって銀行貸出しが伸びなかったことが、物価目標が達成されなかった要因に他ならない。このような実体経済の停滞、すなわち有効需要不足に起因する物価の低迷を、金融政策によって物価上昇に転じさせることは不可能なのである[26]。

③金融緩和の真の狙い──円安と金融利得の拡大

　金融緩和は「デフレ脱却」を達成できなかったが、黒田総裁退任後まで10年以上継続した。「デフレ脱却」のスローガンに隠された、金融緩和の真

※26：建部正義『異次元緩和はなぜ失策なのか』新日本出版社、2016年を参照。

の狙いは何だったのだろうか。

　安倍元首相（当時は自民党総裁）は総選挙前の2012年11月に「金融緩和をすれば円の金利が下がるので、円は売られやすくなる」、さらに「円高に苦しむ日本の輸出産業が息を吹き返し、景気もよくなる」[27]と述べ、「アベノミクス」の金融緩和の狙いが円安による輸出産業支援でもあることを明言している。ただし、次章で明らかにするように2010年代には国内産業の空洞化と競争力衰退が進み、円安が進んだにもかかわらず輸出数量は伸びなかった。輸出と現地生産を含めて海外売上比率の高い輸出産業は、円安によって海外売上高の円建て評価額が増加し、収益を拡大させた。一方、円安は輸入物価の上昇につながり、賃金が低迷する中で、実質賃金指数の年平均伸び率（「毎月勤労統計調査」の調査産業計・事業所規模5人以上・現金給与総額）は2013年-0.9％、2014年-2.6％、2015年-0.9％、2016年+0.8％、2017年-0.2％と大半の年でマイナスとなった。

　金融緩和を通じて日銀は大量の国債を購入し、日銀の国債保有残高は2013年4月の約127兆円から2023年4月には約580兆円に増大し、2023年度末における国債・財投債の日銀の保有比率は47.4％（長期国債に限ると53.2％）となった。このように金融緩和政策は、日銀の巨額の国債購入を通じて政府の財政赤字を支え、防衛関係費の増大や、後述する産業支援策の拡充を可能にした。日銀の大量の国債買入れ、とりわけ10年物国債金利を0％程度に誘導するイールドカーブ・コントロールを導入した2016年9月以降、日銀は額面を上回る高値での長期国債購入を拡大させたことから、国債価格は高騰し、国内外の大手金融機関は入札して取得した国債を日銀に売却する「日銀トレード」を通じて巨額の利益を獲得した[28]。

（2）「機動的な財政政策」による産業支援策の実態

　このように「アベノミクス」の「第2の矢」とされた「機動的な財政政策」は、日銀の金融緩和を通じた国債購入に支えられたが、日本企業・産業支援策の性格が強い。

※27：『朝日新聞』2012年11月20日付け朝刊。
※28：山田博文『国債ビジネスと債務大国日本の危機』新日本出版社、2023年を参照。

①外資に席巻される ICT 分野

ICT 関連では、2015 年にマイナンバー制度が導入され、菅政権下の 2020 年にデジタル庁が設置され、2021 年 10 月に成立した岸田政権は「デジタル田園都市構想」を掲げた。マイナンバー制度に関しては、国の 2 つの大型システム開発を NTT コミュニケーションズなど国内大手 5 社連合が落札し、同制度導入に伴って必要になる企業のシステム投資によって国内大手 ICT 関連企業に 3 兆円規模の市場が創出された。なお、同制度の創設について検討した内閣官房の情報連携基盤技術ワーキンググループのメンバー 21 人中 13 人が大手企業幹部であり、政府のマイナンバー関連事業を受注した企業 9 社が含まれていた[29]。

ビッグデータを活用して産業振興をはかるため、2015 年の個人情報保護法改正で、本人同意なしに個人情報を第三者に提供を可能とする「匿名加工情報」が新設された。クッキーを活用してプラットフォーマーが個人を特定できる端末 ID は「個人情報」に指定して保護をはかることが議論されていたが、国内 ICT 企業の要求を背景に同指定は見送られた[30]。

政府は 2025 年度までに税や住民基本台帳など自治体システムを全国共通の「ガバナンスクラウド」に移す方針で、2021 年度に先行事業へのクラウドサービス提供者を公募した。しかし、実績や技術で劣る国内企業は応募もできず、アマゾン・ウェブ・サービスとグーグルが選定された。米国企業進出の背景として、2019 年に締結された日米デジタル貿易協定で、データの自由な移動など巨大プラットフォーマーに有利な条項が盛り込まれ、日本国内に独自のクラウド基盤を形成することが不可能になった事情がある[31]。2023 年の国際収支統計では、旅行と運輸を除く「その他サービス収支」が約 5.9 兆円の赤字となったが、GAFA など海外プラットフォーマーへの広告料の支払い、クラウドサービス料などデジタル関連のサービス収支の赤字が約 5.5 兆円に拡大した[32]。なお 2023 年 12 月、自民党政調審議会は NTT 法のあり方および法改正に関する提言をまとめたが、外国人議決権規制や外国

※29：斎藤貴男『「マイナンバー」が日本を壊す』集英社、2016 年、64-71 頁を参照。
※30：若江雅子『膨張 GAFA との闘い――デジタル敗戦　霞が関は何をしたのか――』中央公論新社、2021 年、94-111 頁を参照。
※31：内田聖子「日米貿易協定と日米デジタル貿易協定の何が問題なのか」(『住民と自治』2020 年 4

人役員規制の見直しについても言及があり、今後の法改定の動きによっては、日本の通信インフラが外資の手に渡り、ICT分野での競争力の一層の低下につながることも懸念される[33]。

このように政府が主導する「デジタル改革」については、ICT分野、とりわけインターネット利用サービス事業や関連製品事業で日本企業が競争力を失い[34]、海外企業の進出が広がっている中で、日本の関連企業を救済する色彩を強めている。次章で明らかにするように、株主優先・短期収益性志向の経営によって競争力を失った日本の電機・ICT関連企業は、政府の進める事業に支えられて収益を確保する寄生的性格を強めている。

②五輪、カジノ、リニアと不動産・建設業界

2013年に東京五輪・パラリンピック招致に成功した安倍政権は、東京圏を「国家戦略特別区域」に指定し、建築物の容積率規制緩和等を通じて、五輪開催に向けた都市再開発・建設需要の喚起を促した。都内の大規模開発事業の事業主体の多くは大手不動産会社、建設主体も大半は大手ゼネコンが占め、不動産・建設業界に大きな収益をもたらした。こうした大規模開発事業は、大規模金融緩和に伴う余剰資金を抱えた銀行からの低利融資や、日銀のJ-REIT（不動産証券化商品）購入による低利回りの資金流入にも支えられた。

2016年に議員立法でIR推進法が成立、政府は2018年にIR実施法とギャンブル等依存症対策基本法を成立させ、カジノを含む統合型リゾート施設（IR施設）など都市やリゾート地の再開発を推進している[35]。また政府は2017年、通常は民間企業への融資に活用されることのない財政投融資から、JR東海のリニア中央新幹線建設事業に3兆円規模の融資を行うことを認めた。なお1987年の国鉄の分割・民営化によって、収益力の高い新幹線と都市部路線を抱える東日本・東海・西日本3社が上場されて株主や経営者が多額の利得を得たのに対して、北海道・九州など地方の交通網が解体され、物流や地域社会の維持、国防をも脅かしている。

このように政策的後押しを受けた都市再開発、さらには巨額の国家支援を

月号）を参照。
※32：唐鎌大輔『弱い円の正体—仮面の黒字国・日本—』日本経済新聞出版、2024年、32-66頁を参照。
※33：深田萌絵『NTT法廃止で日本は滅ぶ』かや書房、2024年を参照。

背景にしたリニア事業が建設業界の収益に直結し、大手ゼネコン4社の連結営業利益合計は2015年度にバブル後の最高額となり、2017～2019年度にかけて連年最高益を更新した。

③公共領域の民営化、民間委託

「日本再興戦略2015」では、政府・自治体業務の民間委託（PPP）、とりわけ公共施設の設計・建設・管理の民間委託（PFI）を推進する方針が示された。それより以前の2013年には民間資金等活用事業推進機構が設立され、PFIに移行する事業に対し公的資金で支援する仕組みが作られている。なお、このような支援制度は、「PFIに移行するならば公的な資金で支援するという仕組み」であり、「PFIは民間主導だという本来の意味合いから、まったく概念矛盾」[36]だとする批判が妥当するものと思われる。

政府・自治体業務の民間委託に関して総務省は2017年以来、「自治体戦略2040構想」を検討し、ICT・AI技術の活用と自治体職員削減をはかる「スマート自治体」構想を打ち出したが、自治体合理化とともに大手ICT関連企業へのビジネスチャンス提供の側面も無視できない[37]。政府業務の民間委託をめぐっては、新型コロナ禍の下での補助金支給など委託事業が受注企業に大幅な収益をもたらし、受注企業からの外注・多重下請による「中抜き」を通じて不当な利益、無駄な支出が生じたのではないかとの疑いが広がった。

2018年の水道法改正により、従来は自治体公社を中心に運営されてきた水道事業について、所有権を自治体に残しつつ運営権のみ民間委託するコンセッション方式による民営化が可能となった。世界的な水道再公有化の流れ[38]に逆行した日本の水道事業の民間委託の動きを受けて、グローバル資本の参入が進み、フランスのヴェオリア社の日本法人が、大阪市、松山市、浜松市などの事業を請け負った[39]。

「日本再興戦略2013」では、「医療・介護・保育などの社会保障分野や、農業、エネルギー産業、公共事業などの分野は…やり方次第では、成長分野へと転換可能であ」るとされ、民間企業の参入によって「成長分野へと転

※34：IT分野での日本企業の弱みとその要因については、藤田実「日本のデジタル化とIT化」（『経済』2021年11月号）を参照。
※35：カジノの問題点については、鳥畑与一『カジノ幻想』ベストセラーズ、2015年を参照。
※36：尾林芳匡「自治体民営化はどこまできたか」（『経済』2023年2月号）、96-97頁。

換」することが意図されている。2019年10月から幼稚園・保育園の保育料は実質無償化され、幼稚園や児童発達支援教室などの利用料が政府から事業者に支払われる官製市場となり、多くの民間事業者が参入している

　教育分野も、コロナ禍の中でICTを用いた学校の学習プログラムや教材等を教育産業が提供するようになり、学力テストや高校・大学入試への民間参入も進んでいる。政府の「GIGAスクール構想」による学校のICT環境整備が国内関連企業にビジネスチャンスをもたらすとともに、文科省の抵抗を排し、公教育の内容にまで民間資本の参入が進められている[40]。

④「成長戦略」と官民ファンドを通じた企業支援

　また政府は、成長戦略や地方創生、コロナ対策、地球温暖化対策などを名目に、関連産業・企業を支援するため、国と民間の共同出資による官民ファンド（基金）を次々と設立し、巨額の補助金が交付されている。こうした基金では国からの出資額が大半を占めるにもかかわらず、産業・企業支援の決定過程に国会の監視が届かず、結果責任もあいまいになっており、運営の非効率や、個別企業の収益向上に利用されることが懸念されている。また、執行率が低い基金では、支出の中で人件費が大半を占める管理費の構成比が高く、基金支出業務を請け負ったパソナや博報堂、三菱総研、野村総研などに外注費が支出されている[41]。

⑤農業・漁業分野の改革

　上記のように「成長分野へと転換可能」とされた農業分野についても、米国からの要求も背景に、外資を含む営利企業にビジネスチャンスを提供する施策が進められた。

　2015年に農協法が改正され、総合農協は事業ごとに株式会社や生協、社団法人などに転換できるようになり、単位農協を指導するために設立された中央会は一般社団法人化されて指導権限は剥奪された。こうした営利事業化をはかる農協改革は、「「JAグループの金融事業を金融庁規制下にある金融

※37：黒田兼一「「スマート自治体」構想と公務労働」（『経済』2020年3月号）を参照。
※38：Satoko Kishimoto and Olivier Petitjeans, eds. Reclaiming Public Services: How cities and citizens are turning back privatization. 2017. https://www.tni.org/en/publication/reclaiming-public-servicesd（2024年9月30日閲覧）

機関と同等の規制に置く」ことを強く要請し、それが確立されなければ、員外利用、準組合員制度、独禁法適用除外の規制を見直すべき」と主張する「在日米国商工会議所（ACCJ）の毎年の意見書」と「ピタリと一致し」[42] ている。このような農協改革は、これまで非営利団体である農協が行ってきた金融事業を金融庁の監督下に置き、一般金融機関と同様の競争条件に晒すことで、外資系を含む民間金融機関に農協預金を取り込む狙いを背景とするものと捉えられる。

2018年に種子法が廃止され、都道府県が種子を公共財として生産・共有する仕組みが解体され、民間事業者の参入拡大がはかられた。2020年の種苗法改正で登録品種の自家採取が禁止され、アグリビジネスによる種子独占、農家からの独占利潤獲得の途が開かれた[43]。漁業分野についても2018年漁業法改正で、従来は地域の漁協に優先的に付与されていた漁業権について、営利企業への開放が可能になった。

（3）「気候危機」とエネルギー政策

①「気候危機」と日本の電力改革

2015年に「パリ協定」が締結され、「脱炭素」が世界的潮流となった。2018年10月に国連気候変動に関する政府間パネル（IPCC）が採択した特別報告書『1.5℃の地球温暖化』では、産業革命以降の平均気温上昇を1.5℃以内に抑えることの重要性が強調され、そのためには2030年のCO_2排出量を2010年比45％削減、2050年排出ゼロの達成が条件とされた。

安倍政権では、福島原発事故後も原発が「ベースロード電源」に位置づけられ、成長戦略の一環として、原発・火力発電設備を含めたインフラ輸出戦略が官民一体で進められた。「日本再興戦略2013」では温暖化ガス排出削減目標は、民主党政権が定めた2005年比25％減から同3.8％減に下方修正された。また2016年にはFIT（再エネ電力の固定価格買取制度）法が改正され、再エネ事業者に対して送電線への接続契約を交わすことを義務付け、系統設備

※39：堤未果『日本が売られる』幻冬舎、2018年、14-34頁；福田泰雄『格差社会の謎』創風社、2021年、119-122頁を参照。

※40：児美川孝一郎「教育産業によってくち溶ける公教育」（民主教育研究所編『民主主義教育のフロンティア』旬報社、2021年所収）を参照。

費用も再エネ事業者負担とされた[※44]。

　2013年の改正電気事業法に基づいて、電力小売全面自由化、発送電分離、電力の地域間融通のための広域機関の設置が定められた。発送電分離によって、再エネ電力供給を掲げる小売電力事業者（いわゆる新電力）の参入も増加したが、電力小売事業者が送配電事業者（大手電力会社）に支払う託送料金には、電源開発促進税・原発事故賠償負担金・廃炉円滑化負担金など原発関連費用が含まれる。発送電分離について日本では資本関係の維持が容認され、従来からの大手電力会社は発電事業会社と送配電事業会社、小売事業会社がホールディングス傘下に置かれるか、送配電事業会社が発電・小売事業会社の子会社形態をとる形となったため、グループ内での利益配分も可能である。2020年から21年にかけて、卸電力市場で供給シェアの約8割を握る大手電力グループ傘下の発電事業者が供給量を絞ったために卸電力価格が高騰し、小売事業のみを行っている新電力会社の経営を圧迫し、倒産が相次いだ。このように日本では、不十分な発送電分離によって、大型発電設備を保有する大手電力会社の利益が保護され、結果的に新電力会社の参入や再エネ導入が妨げられた。

②日本の「脱炭素」政策の特徴

　日本政府は2020年10月、2050年に温室効果ガスの排出量と吸収量を均衡させることをめざす「2050年カーボンニュートラル」方針を掲げた。2021年に策定された「第6次エネルギー基本計画」では、2030年度の電源構成として再エネ36〜38％、石炭19％を含む化石燃料41％、原子力20〜22％、水素・アンモニア1％が目標とされた。G7の中で日本だけが電源構成に石炭火力を含めている点や、化石燃料との混焼が想定されている水素・アンモニア活用方針について、環境NGOや欧米諸国から激しい批判を浴びた。さらに2025年2月18日に閣議決定された「第7次エネルギー基本計画」では、2040年度の電源構成として再エネ4〜5割程度、火力発電3〜4割程度、原子力2割程度が目標として示された。このように日本政府は、2040

※41：福田泰雄「後進国化する日本—どうして勤勉が報われない国になったのか—」（『経済』2024年11月号）を参照。
※42：田代洋一「安倍政権の農協「改革」とTPP」（『経済』2017年2月号）、119頁。
※43：堤前掲書、37-52頁；福田前掲書、125-126頁を参照。

109

年度でも電源の最大4割を、化石燃料を中心とする火力発電で賄う方針を維持している。

このような政府方針の下、原発や大型火力発電など大規模集中型電源に対する支援策が拡充されている。2020年度から、天候によって発電量が不安定になる再エネ電源の調整力となる安定電源確保を名目に、将来の安定的な発電能力を購入する「容量市場」という仕組みが導入された。電気事業法に基づく認可法人である電力広域的運営推進機関が4年後の最大電力需要量を試算し、この量に見合う4年後の供給力を購入するが、購入額は小売電力事業者から徴収される「容量拠出金」によって賄われる。「容量拠出金」はすべての小売電力事業者が拠出する一方、支払い対象となる発電能力は大型発電設備が中心で、しかも投資回収済み設備も対象となることから、大規模集中型の原発や大型火力発電を保有する大手電力会社への補助金としての性格が強い。

さらに経産省は2023年度より、「容量市場」とは別に、電力広域的運営推進機関が小売電力会社からの拠出金を原資に、温暖化対策を行った発電所が20年間固定収入を得られるよう、オークションを通じて支援する制度を開始した。この「オークション制度」では揚水発電所や蓄電池だけでなく、原発、さらに水素やアンモニアを混焼する火力発電所も2050年に専焼にすることを条件に支援対象とされた。

③原発推進への転換

岸田首相（当時）は2022年8月24日、政府のGX（グリーントランスフォーメーション）実行会議で、原発の再稼働と運転期間延長、「次世代原発」の開発・建設について検討するよう指示し、東日本大震災以後の原発縮小・抑制方針から、原発推進へと転換した。なお原発推進策に関しては、2021年2月の総合資源エネルギー調査会の分科会で意見聴取を受けた経済界の代表が原発の新増設・建替えを政策方針に位置付けるよう要望、4月には安倍元首相を顧問に迎えて最新型原発リプレース推進議員連盟が設立され、5月の

※44：FIT法改定の内容については、高村ゆかり「日本の再生可能エネルギー政策の評価と課題」（植田和弘・山家公雄編『再生可能エネルギー政策の国際比較—日本の変革のために—』京都大学学術出版会、2017年所収）を参照。

自民党総合エネルギー戦略調査会でも原発新増設・建替え要求が提起されていた。さらに2024年9月27日、経団連の十倉会長は自民党の石破新総裁選出を受けた談話の中で、「国内の産業活動の基盤となるエネルギー政策、とりわけ原子力の最大限活用や、革新炉・核融合の研究開発促進などは欠かせない」と述べ、原発推進政策を継承するよう要望した。これを受けて、同年12月17日に公表された上記の「第7次エネルギー基本計画」の原案では、従来の基本計画にあった「可能な限り原発依存度を低減する」という文言は削除され、原発建て替えの要件も緩和され、原発推進の姿勢が鮮明になった。

④水素・アンモニアの発電利用の促進

日本政府は、発電時にCO_2を排出しない水素・アンモニアの火力発電所での混焼や、CCS（CO_2の回収と貯留）を利用しながら化石燃料依存を続ける方針である。

現状、水素・アンモニアは製造時にCO_2を排出する生産方法が一般的で、再エネ由来電力から電気分解によって製造する「グリーン水素」を燃焼して

表3-2：エネルギー基本計画における2030年度目標

		第5次（2018年）	第6次（2021年）
電源構成	再エネ	22～24%	36～38%
	水素・アンモニア	―	1%
	原子力	20～22%	20～22%
	LNG	27%	20%
	石炭	26%	19%
	石油等	3%	2%
温室効果ガス削減割合		26%	46%

（出典）資源エネルギー庁「エネルギー基本計画の概要」 https://www.enecho.meti.go.jp/category/others/basic_plan/pdf/20211022_02.pdf（2023年5月3日閲覧）。

電気を得る水素発電は、エネルギー変換過程で60%以上エネルギーが喪失されるため、欧米諸国では推進されていない。また、再エネ電気を用いて製造する「グリーンアンモニア」の量産技術は未確立で、やはり欧米諸国ではアンモニア発電は推進されていない。

2021年2月に日本政府は、経産省所管の石油天然ガス・金属鉱物機構（JOGMEC）の支援対象に二酸化炭素の地下貯留（CCS）事業を加え、日本企業の取組みも進んでいる。しかし、経産省の計画では発電由来排出量の半分に相当する年間2.4億トンの二酸化炭素の貯留を想定しているが、国内で唯一、実証実験が行われた苫小牧沖の貯留量は30万トンに過ぎない。現在のCCSは二酸化炭素1トン当たり、二酸化炭素の分離・回収工程で5000〜7000円、貯留までを含めて8000〜1万円のコストを要するが、さらに、大幅な輸送コストを要する海外で貯留する計画が中心となっている。

⑤日本の再エネ導入の遅れ

このように日本政府の電力・エネルギー政策では、安全対策費用が嵩み、国民からの批判が少なくない原発の再稼働や新増設、技術的・経済的課題が山積している水素・アンモニア・CCSを利用した火力発電の推進が盛り込まれている。とりわけ「容量市場」や「オークション制度」は原発や火力発電を支援する性格が強く、大規模集中型発電・送電網を維持している大手電力会社や大手重電メーカーなどの既得権につながる。このような既得権の優先によって再エネ導入は遅れ、2022年の各国の電源構成に占める自然エネルギー比率はデンマーク84%、スウェーデン68%、ドイツ43%、英国41%、中国31%に対し、日本は22%と低い[45]。次章で検討するが、再エネ関連機器や電力需給調整など世界的な技術開発や投資競争での日本企業の遅れ、国際競争力の低下がさらなる産業衰退につながっている。

本章では、近年顕在化している日本産業の供給力衰退の実態とその要因について検討した。国内供給力は2000年代初頭、さらに2010年代以降も縮

※45：環境エネルギー政策研究所HPを参照。https://www.isep.or.jp/archives/library/14364 （2024年9月30日閲覧）

小が続いているが、人件費や設備投資を抑制して株主還元を優先する企業経営の変貌に起因しており、1990年代以降の米国の対日要求を背景とする会社・会計制度改革を淵源とすることが明らかになった。とりわけ2000年代初頭の不良債権の直接処理、すなわち市場・収益性原理に基づく過剰調整を通じて、不振部門の分社化・リストラが人材と産業技術の流出を招き、日本産業の競争力衰退に帰結した。

「アベノミクス」以来の経済・産業政策は、円安誘導による輸出産業支援、公共事業や公的部門の民間開放・官製市場化を通じたビジネスチャンスの提供、原発・火発を温存するエネルギー政策など、旧来技術に立脚した既得権益層の温存をはかり、大手企業に短期的収益を保障する性格のものが多かった。他方で、成長戦略としてのコーポレートガバナンス改革は米国金融業界の要求に沿って米国式経営を一層促進するもので、外資を含めた企業参入を広げた農業改革や公的領域の民営化とともに、日本産業の供給力衰退をさらに進めたものと評価できる。

このように、旧来型技術に基づく国内独占に立脚しつつ、短期収益性志向の企業経営を脱却できない日本の大手企業は、次章で明らかにするように、再エネ分野に加えてEV、ICTやバイオなど世界的な技術革新に取り残され、国際競争力を回復する見通しは開かれていない。日本政府の産業支援策は既得権保護と短期的収益の支援が中心で、日本の大手企業の多くは世界的な産業転換から取り残され、没落を迎えている。

なぜ、貿易赤字が続くのか？
―グローバル化と空洞化、産業競争力低下―

　序章で確認したように2010年代以降、日本の貿易収支が赤字に陥る年が増加し、2022年度の貿易赤字額は過去最大の21.7兆円に膨らんだ。円安が進んでも輸出が増えず、輸入品価格上昇に伴う輸入額増加によって貿易赤字が拡大した。今世紀の世界経済は、企業活動が国境を越え、世界規模で展開されるグローバル資本主義化[※1]の様相を呈しているが、その中で日本産業の国際競争力の低下がいかに進んできたのか、検討していきたい。

1. 世界経済のグローバル再編

　前章で検討した図3-3には、日本企業の海外現地法人の海外設備投資額、海外従業者数、海外売上高の推移（1997年度＝100）を示したが、いずれも1990年代末から拡大を続け、2008-09年不況下での一時的減退を経て、2010年代前半まで増大している。その後、海外設備投資額は2014年度の268.0を、海外従業者数は2019年度の329.4を、海外売上高は2017年度の390.3をピークに横ばい傾向となった[※2]。1990年代後半から2010年代前半まで日本産業のグローバル展開が進んだ後、米中対立を背景にした世界貿易や海外直接投資フローの停滞など世界経済の分断傾向の下でグローバル化は停滞に転じた[※3]。本節では世界各国の産業・経済の動向について、各国間・産業間の取引関係を示したWorld Input-Output Tables, 2016 Release[※4]（以下、世界産業連関表と略記）の2000年表と2014年表を利用して、各国産業・経済の位置とその変容から世界経済の構造変化について考察する。

※1　河村哲二「戦後パックス・アメリカーナの転換と「グローバル資本主義」」（SGCIME編『世界経済の構造と動態　マルクス経済学の現代的課題第Ⅰ群グローバル資本主義　第1巻グローバル資本主義と世界編成・国民国家システム（Ⅰ、Ⅱ）』御茶の水書房、2003年所収）；鶴田満彦『グローバル資本主義と日本経済』桜井書店、2009年などを参照。

（1）日本経済の地位低下

　2000年世界産業連関表で世界のGDP総額に占める国別構成比は米国33.0％、日本14.1％、ドイツ5.4％、英国4.6％、フランス3.5％の順で、G7全体で66.4％を占め、BRICsと言われる中国・インド・ロシア・ブラジルの合計は7.7％に過ぎなかった。2014年には米国23.7％、中国13.0％、日本6.0％、ドイツ4.3％、英国3.7％、フランス3.5％の順で、G7諸国の構成比がいずれも低下し、G7合計は46.1％となった一方、BRICsの合計は21.0％となった。とりわけ日本の構成比はこの間に半分以下に低下し、中国は3倍以上に拡大した。

　世界の付加価値項目のうち家計最終消費支出総額に占める国別構成比は、米国が2000年35.8％から2014年28.4％と1位を維持し、中国が2.9％から8.7％に拡大している一方、日本は13.3％から6.1％に低下した。一方、固定資本形成には企業の設備投資と公共投資、住宅投資が含まれるが、世界の固定資本形成総額に占める国別構成は米国が31.7％から18.3％に、日本が16.0％から5.6％に減退した一方、中国は5.5％から24.9％に拡大して米国を上回った。このように、固定資本形成を中心に中国の比重が増大した一方、第2章で検討した個人消費の縮減、第3章で考察した設備投資の停滞にも起因して、日本経済の世界的地位が大きく低下したことは明瞭である。

（2）世界産業の構造変化と日本

　次に、2000年と2014年の世界産業連関表から各国の産業別供給シェアの変化を示した表4-1から、世界産業の構造変化について検討しよう。「製造業計」での各国の供給シェアは、米国が2000年23.5％から2014年12.5％に、日本も15.3％から5.5％に減退した一方で、中国が8.4％から32.1％に拡大している。また、G7諸国のドイツ、イタリア、フランス、英国のシェアが低下している一方、韓国とブラジルのシェアが拡大している。

　産業別には、電気機械の供給シェアで中国が2014年に41.2％まで高まっ

※2：図3-3では2021年度から22年度にかけて、海外従業者数が横ばいの一方で海外設備投資額と海外売上高が顕著に拡大しているが、急速な円安ドル高に伴う円建ての投資額・売上高の上昇に伴うものと捉えられる。

ているのに対して、表出していないが米国と日本、英国、フランスではこの間に電気機械の供給額自体が減少し、表4-1に示した構成比も大幅に縮小している。

また、自動車および一般機械の供給シェアでも中国が3.5％→27.5％および10.1％→33.4％と大幅に拡大しているのに対してG7各国は低下し、とりわけ日本は19.6％→7.8％および14.3％→5.1％と大幅に減退している。なお、電気機械・自動車・一般機械いずれにおいても韓国のシェアが増加し、製造業計でも3.0％から3.4％にシェアを高めている点にも注目される。

このような、機械産業を中心とする中国製造業の供給シェアの急速な拡大は、第2章で述べたように、冷戦後の中国が改革・開放政策を加速して外資導入・輸出主導的成長をはかった一方、日本産業をライバル視した米国クリントン政権が中国のWTO加盟を支援し、米国企業がIT機器を中心に中国で

表4-1：各国の産業別供給シェア

製造業計			電気機械			自動車			一般機械		
国名	2000年	2014年	国名	2000年	2014年	国名	2000年	2014年	国名	2000年	2014年
米国	23.5%	12.5%	米国	24.8%	8.0%	米国	27.4%	13.2%	米国	23.3%	11.4%
日本	15.3%	5.5%	日本	20.3%	6.0%	日本	19.6%	7.8%	日本	14.3%	5.1%
中国	8.4%	32.1%	中国	8.3%	41.2%	ドイツ	11.5%	9.8%	ドイツ	11.1%	8.9%
ドイツ	6.4%	4.7%	ドイツ	5.7%	3.7%	フランス	3.7%	1.6%	中国	10.1%	33.4%
イタリア	3.9%	2.3%	韓国	5.5%	6.1%	メキシコ	3.7%	3.0%	イタリア	6.6%	4.1%
フランス	3.3%	1.9%	台湾	4.1%	3.5%	中国	3.5%	27.5%	英国	3.4%	1.6%
英国	3.1%	1.6%	メキシコ	2.7%	1.4%	英国	2.9%	1.8%	韓国	2.7%	3.2%
韓国	3.0%	3.4%	英国	2.6%	1.0%	スペイン	2.6%	1.4%	フランス	2.7%	1.4%
メキシコ	2.3%	1.5%	フランス	2.4%	0.9%	イタリア	2.5%	1.4%	スイス	1.4%	0.9%
ブラジル	2.0%	2.3%	イタリア	2.0%	1.2%	韓国	2.1%	3.3%	カナダ	1.3%	0.9%
その他	28.7%	32.3%	その他	21.6%	27.1%	その他	20.6%	29.2%	その他	23.1%	29.1%

（注）1．産業別総供給総額に占める各国比率を示す。 2．「電気機械」には「コンピュータ」を含む。
（出典）WIOT世界産業連関表より作成。

※3：森原康仁「地政学的緊張と「レジリエントなサプライチェーンの構築」―極端なグローバル化の修正と政府関与の復権―」（『比較経営研究』第48号、2024年）を参照。
※4：http://www.wiod.org/database/wiots16（2024年8月27日閲覧）。

117

の現地生産や生産委託を拡大したことにも起因する。こうした中国産業の急成長が、とりわけ日本産業のシェアを奪ったことは明らかである。

2. グローバル資本主義と日本産業の競争力低下、空洞化

グローバル資本主義化が進行する中、日本産業は積極的にグローバル展開を進めた。

（1）日本産業のグローバル展開

1997年度以降の主な産業の海外設備投資額および海外従業者数の推移を示した図4-1および図4-2から、日本産業のグローバル展開について産業別に検討しよう。

図4-1では2000年代、電機産業の海外設備投資額が小幅に増加し、図4-2

図4-1：産業別の海外設備投資額の推移（百万円）

(出典)「海外現地法人四半期調査」より作成。

図4-2：産業別の海外従業者数の推移（人）

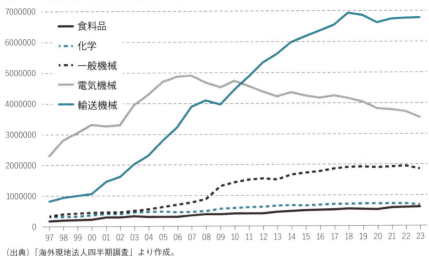

(出典)「海外現地法人四半期調査」より作成。

に示した海外従業者数が大きく増加している一方、輸送機械産業では海外従業者数・海外設備投資額ともに大きく拡大している。2008-09年世界不況下で両産業の海外従業者数・海外設備投資額は減少した後、2010年代に電機産業は海外従業者数・海外設備投資額とも減退傾向となって、海外展開が減速しているが、後述する国内電機産業の競争力衰退とも関連する。

一方、2010年代前半に輸送機械産業の海外設備投資額・海外従業者数は大幅に増大し、自動車を中心とする輸送機械産業のグローバル展開が加速している。同産業の海外設備投資額は2014年度、海外従業者数は2018年度をピークに横ばい・減退傾向となっており、先述した世界経済の分断傾向や、電気自動車（EV）を中心にした中国メーカーの急成長に伴う日本メーカーの海外展開の停滞を反映している。また、2010年代は一般機械・化学・食料品の各産業のグローバル展開も進んでいる。

(2) 電機産業の競争力衰退

日本電機産業は2000年代、グローバル展開を進めたが、2010年代は海外

投資・海外従業者数が減退した。前章で検討した企業経営の変貌や分社化・リストラの影響等も踏まえつつ、電機産業のグローバル展開と国内供給力、国際競争力の動向を検討しよう。

①情報通信機器の貿易赤字拡大

産業別貿易収支の推移を示した図2-2では、電機産業の貿易黒字が2000年代後半以降に急速に減少し、2023年に赤字となったが、主な製品別貿易収支動向を図4-3に示した。これをみると、1990年代初頭に約1.5兆円の貿易黒字だった電算機類（コンピュータ等）が2000年代から、1兆円弱の貿易黒字だった通信機が2000年代後半から、約3兆円の貿易黒字だった映像音響機器（薄型テレビ等）も2010年代から貿易赤字となり、以後、赤字額はいずれも拡大している。また2000年代以前は2兆円を超えていた半導体等電子部品の貿易黒字額も2010年代前半に大幅に縮小した。

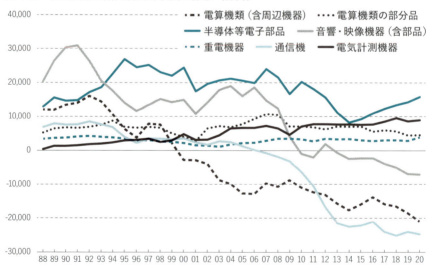

図4-3：電気機器の品目別貿易収支の推移（億円）

（注）「貿易統計」では「一般機器」に含まれる「電算機類(含周辺機器)」「電算機類の部分品」も掲載した。
（出典）財務省「貿易統計」より。

②「日米半導体協定」と競争力喪失

半導体に関して、1991年の日米半導体協定改定で日本国内での外国製半導体シェア20％以上の数値目標が定められた。日本企業は大きな生産能力を有していたDRAM生産に特化し、数値目標達成のためCPUは米国製品に依存し、インテルの優位が固まった。DRAM生産にはその後、韓国や台湾企業が参入したが、国内で過当競争状態の日本企業は人件費の低廉なアジア企業との提携を進めた。

2000年代、日本企業はDRAM等汎用品生産から撤退したが、不採算事業の分社化と人員削減を進め、少なくない技術者が提携先の韓国・台湾企業に移籍し、研究開発能力や生産技術が流出した。前章で述べたようにこの時期、日本政府は短期収益性を基準に不良債権の直接処理を進め、時価会計・減損会計が導入される中で、総合電機メーカーが会社分割法制を利用して不採算部門の分社化・リストラを進めたことが技術流出を促進した[5]。

③スマホ普及と通信機生産からの撤退

通信機に関して、日本メーカーは端末・通信設備ともに国内通信キャリアへの納入によって収益を確保していた。ファーウェイやエリクソンなど海外通信機器メーカーは、通信インフラ運用も請け負うビジネスモデルを展開し、米国の戦略的通商政策を背景に進展した世界的な通信事業の自由化や通信規格の高度化の下で販路を拡大した。携帯電話端末についても、日本メーカーは国内専用規格に依存した国内通信キャリアの販売戦略に従ったことでスマートフォン生産への参入に遅れた。こうして、国内規格のみに対応した製品の生産に特化（「ガラパゴス化」）した日本の通信機メーカーは、2010年代に日本国内でもスマホと通信規格4Gが普及する中で競争力を喪失し、三菱電機、東芝、NEC、パナソニック、富士通は収益性が低下した携帯電話端末生産事業から撤退した[6]。

※5：湯之上隆『日本型モノづくりの敗北』文藝春秋、2013年；藤田実『日本経済の構造的危機を読み解く』新日本出版社、2014年などを参照。
※6：大西康之『東芝解体―電機メーカーが消える日―』講談社、2017年を参照。

④薄型テレビの競争力喪失

　薄型テレビ事業は2000年代、シャープとパナソニックが巨額の国内投資を行い、先進国向けを中心に輸出を拡大させたが、2008-09年不況下で先進国需要が剥落すると、新興国市場でサムスンやLGに敗退した。2000年代の巨額投資が両社の経営を圧迫し、シャープおよびパナソニックの経営破綻および経営不振の要因となった。液晶ディスプレイ事業については1990年代後半以降、過当競争状態にあった日本メーカーが韓国、台湾、さらには中国メーカーと技術提携を進め、低賃金の海外生産による短期的収益向上を優先したため、結果的に製造技術の流出を招いた点も看過できない[7]。

　このように日本電機産業は2000年代以降、グローバル展開を遂げつつ国内の産業競争力を低下させたが、数値目標を伴う日米半導体協定、株主優先・短期収益性志向の経営への変貌、不良債権処理に伴う分社化・リストラによって人材・技術流出を招いたことがその要因となった。2010年代には韓国・台湾に加えて中国メーカーが台頭する中で日本企業自体の国際競争力が衰退し、グローバル展開も縮小するに至ったと考えられる。

（3）　自動車産業の空洞化

　図2-2で輸送用機器の貿易黒字は2010年代以降も拡大傾向が続いている。一方、図4-1および図4-2では2000年代から2010年代半ばにかけて、輸送機械産業はグローバル展開を加速させているが、その中心を成す自動車産業の動向について考察しよう。

①「深層現調化」と空洞化の深化

　日本自動車産業は国内サプライチェーンを軸に国際競争力を維持してきた。図4-4では、2000年代までは完成車の海外生産と部品輸出が並行して増加したが、2010年以降、完成車の海外生産がさらに拡大した一方、部品輸出は停滞している。新興国が現地生産・販売の中心になり、コストダウンを志

※7：佐藤文昭『日本の電機産業　失敗の教訓』朝日新聞出版、2017年を参照。

図4-4：4輪自動車の国内・海外生産・輸出台数、部品輸出指数の推移（2005年＝100）

(出典) 財務省「貿易統計」および日本自動車工業会資料より作成。

向する日本自動車メーカーは部材・部品を現地調達する「深層現調化」を推進し、研究開発や下請部品メーカーを含むサプライチェーン全体の海外移転を進めた[※8]。こうして産業空洞化が一層進展し、海外生産の拡大が国内生産や雇用の増加に結びつきにくくなった。このように日本自動車産業は、販売先としてだけでなく生産拠点としても日本国内との関係性が薄れ、企業収益拡大と国民経済の成長とが一層乖離するようになっている。

②産業技術の海外流出と部品メーカーへの負担転嫁

　自動車メーカーが国際競争の中で収益性向上をはかり、部材・部品の海外調達を進める中で、発注減による国内下請部品メーカーの経営悪化、さらに国内で形成された産業技術の海外流出にもつながった。2020年、トヨタとテスラは電動車の基幹部品に用いる電磁鋼板に中国宝武鋼鉄集団の製品を採用したが、2021年1月に日本製鉄はトヨタと中国宝武鋼鉄集団傘下の宝山製鉄所に対し、トヨタと日本製鉄が共同開発した電磁鋼板製造技術を無許可で持ち出したとして、特許権侵害で提訴した。

※8：清晌一郎編著『自動車産業の海外生産・深層現調化とグローバル調達体制の変化』社会評論社、2017年。

また、三菱電機、日立、NECのマイコン事業が統合して2010年に設立された ルネサスエレクトロニクスはトヨタグループとの結びつきを強め、車載用マイコンの世界シェアでトップに立ったが、価格決定権をもつトヨタなど自動車メーカーによる販売価格抑制のために収益性が悪化、研究開発の低迷と合理化に伴う人材流出によって競争力を喪失した[9]。

3. 既得権優先と産業転換の遅れ

　このように輸出産業の競争力低下と空洞化が進んでいるが、前章3節で検討した既得権益を優先する経済・産業政策の影響も相まって、日本の産業転換の遅れにもつながっている。

（1）「気候危機」と「脱炭素」をめぐって

①再エネ関連機器の国際競争力喪失

　図4-3で重電分野は2010年代にも貿易黒字を維持していたが近年、発電機の輸出が伸びず、輸入が急拡大している。日本の輸出は、原子力・火力など大規模集中型発電機器が中心で、安倍政権ではインフラ輸出戦略の下、官民一体で売り込みをはかったが大半は失敗に終わった。海外での再エネの急速な普及・低廉化がその要因であるが、前章で述べたように日本では、電力大手や重電・重機メーカーの収益維持の観点から原発や火力発電を温存・支援した政策を背景に再エネの普及が遅れ[10]、太陽光パネルや風力発電機など関連製品で日本製品の世界シェアは低下した。

　かつて世界トップ水準を誇った日本の再エネ関連機器の国際競争力喪失が貿易赤字の一因になっている。前章で述べたように、2022年の日本の電源構成に占める再エネ比率は22％で、40％を超える欧州諸国、31％に高まった中国に比して低水準である。同年の脱炭素関連投資は中国72兆円、米国

※9：湯之上前掲書；清晌一郎「EV技術革新と無形資産経営への移行に向けた日本的生産方式からの脱却について」（『経済系（関東学院大学）』第287集、2023年2月）を参照。
※10：この点については、植田和弘・山家公雄編『再生可能エネルギー政策の国際比較』京都大学学術出版会、2017年；明日香壽川『グリーン・ニューディール』岩波書店、2021年などを参照。

19兆円、EU24兆円に対して日本は3兆円にすぎず、同年の中国の再エネ電力新規導入量約1.8億kWは日本の再エネ総発電量を上回った。IEA（国際エネルギー機関）の報告書では、世界の電源構成では2025年以降に再エネが最大容量となるが、2027年までの世界の再エネ新規導入容量の半分は中国が占めると予測されている。こうした急速な再エネ導入を背景に、再エネ関連機器でも中国製品の競争力向上が著しい。

②太陽光パネルのシェア低下

太陽光パネル分野では2000年代前半に日本製品の世界シェアが4割を上回っていたが、2020年には0.3％まで低下した。中国では最近10年、この分野に欧州の約10倍の6.8兆円の投資が行われた。2022年の太陽光パネル出荷量の71％を中国製品が占め、2位のマレーシア、3位のベトナムを大きく引き離している。企業別出荷量は首位の通威太陽能、2位のJAソーラー、3位のアイコ・ソーラーをはじめ、9位までを中国企業が独占し[11]、中国勢の躍進の前に韓国LGグループは同年に太陽光パネル生産から撤退を決めた。

③風力発電機製造からの撤退

風力発電機については、三菱重工が1982年に、日本製鋼所も2006年に製造を開始し、日立製作所は2011年に風力発電機の専用工場を新設した。2000年代以降に風力発電が普及した欧州ではスペインのシーメンスガメサやデンマークのヴェスタスなど風車メーカーが成長したが、日本政府のエネルギー基本計画で風力発電が主力電源とされたのは2018年で、普及が遅れた。そのため、日本製鋼所が2016年に、日立が2019年に、三菱重工も2020年に風車の自社生産から撤退し、大型風力発電機生産を行う日本メーカーはなくなった。

一方、中国企業の成長が顕著で、2023年の世界シェアでは、中国のゴールドウェインドがヴェスタスを上回るシェア13.9％で首位となり、中国企業全体で44.2％を占めた[12]。

※11：https://project.nikkeibp.co.jp/ms/atcl/19/feature/00003/050800132/?ST=msb&P=2（2024年10月13日閲覧）

※12：『日本経済新聞』2024年9月11日付け朝刊。

このような再エネ関連機器分野における日本企業の急速な地位低下は、大手電力会社や重電・重機メーカーに配慮して原発や火力発電を温存し、再エネ普及に後ろ向きな日本政府のエネルギー政策の結果、世界的な産業転換の流れにのり遅れたことを示している。

（2）自動車産業とEV、PHEV ―日本の遅れと中国の躍進―

①EV、PHEV普及の遅れ

自動車産業では自動運転や電動化など技術革新と実用化が進んでおり、今後の各メーカーの産業競争力に大きく影響を及ぼすことが予測される。電動化で部品点数は大幅に削減され、内燃機関の原動機や変速・伝動機構を軸に技術的優位を維持してきた日本自動車部品メーカーの需要喪失につながる。IEAの「世界EV見通し2024」によると、2023年のプラグインハイブリッド車（PHEV）を含む電気自動車（EV）の世界新車販売台数は前年比35％増の1380万台、新車（乗用車）販売全体に占める比率は18％となった。なおPHEVとは、外部から充電できるハイブリッド車（HV）のことで、EVとHVの機能を備え、モーターだけでも走行できるが、蓄電量が少なくなるとエンジンの力で走ることができる。

2023年の主要国・地域別EVおよびPHEVの販売台数は、中国が前年比37％増の810万台と世界販売全体の6割近くを占め、欧州が22％増の330万台、米国が40％増の139万台となった一方、日本は前年比5割増の14.1万台であった。同年の各国の新車販売台数に占めるEVおよびPHEVの比率はノルウェー93％、スウェーデン60％、フィンランド54％、中国38％、スイス30％、フランス25％、ドイツ・英国24％、米国9.5％、韓国7.9％に対して、日本は3.6％と低い。

②日本メーカーのEV転換の遅れ

自動車産業調査会社マークラインズが発表した2023年の世界のメーカー

（グループ）別EV販売シェアは、米国テスラ19.3％、中国BYD16.0％、ドイツVW8.0％、米国GM6.6％、中国広州汽車5.2％、中国吉利5.2、韓国現代自4.3％の順で、日本勢では日産・三菱自・ルノー連合が3.2％で10位、トヨタは1.0％で24位、ホンダは0.2％で28位となった。日本メーカーが技術的強みのあるハイブリッド車（HV）に注力したことも背景に、国内で充電設備の整備が進まず、EVの普及の遅れにつながった。

　日本市場・メーカーのEV転換の遅れは、内燃エンジン車の販売規制をめぐる政策の違いにも起因する。ノルウェーは2025年、スウェーデンとオランダは2030年、ドイツと英国、カナダ、米国カリフォルニア州は2035年、フランスとスペインは2040年にHVを含む内燃エンジン車の販売禁止を決めている。日中両国も2035年に内燃エンジン車の販売を禁止する方針であるが、HVは禁止対象に含まれない。トヨタはEVとともにHV、燃料電池車（FCV）の開発も行う「環境車全方位戦略」を進め、EV専用車台「e-TNGA」を用いたEV「bZ4X」を2022年に発売したが、ガソリン車と共通の工程での生産を前提に開発された[13]。

③EV販売の失速と技術的課題

　しかし2024年に入り、欧米各国ではEV向け補助金の廃止・縮小によりEV販売が失速し、安価な中国製EVの輸入拡大も受けて、テスラの1-3月の世界販売が前年同期比8.5％減、4-6月期も同4.8％減少するなど、欧米メーカーのEV販売が停滞・減少している。こうした中で、メルセデスベンツとボルボが全車EV化する方針を撤回し、GMおよびフォードがEV新車販売を延期してPHEVおよびHVを拡充する方針を表明、トヨタも2026年のEV販売目標を150万台から100万台に下方修正するなど、急速なEVシフトを見直す動きがみられる。

　HVに強みを持つ日本メーカーは、欧米市場でHVを中心に販売を拡大させている一方、トヨタとホンダがEVおよび車載電池の生産拡大に向けた米国での投資を拡大させる方針である。電池重量の大きいEVは、内燃エンジ

※13：『日本経済新聞』2023年2月14日付け朝刊。

ン車に比べて重量が重くなって走行時のタイヤの摩耗や粒子状物質排出、事故の甚大化を招くなどの技術的課題も抱えており、さらなる普及には全固体電池など軽量で大容量の次世代電池の開発と普及、利便性向上のため充電時間短縮も不可欠であるとの指摘もある。

ただし、2024年4月に発表された上記のIEAの「世界EV見通し2024」では、車体重量と車載電池価格の低減、充電インフラの拡充を条件に、EV販売比率は2030年に中国で3分の2、2035年には米国70％超・欧州85％超に増加すると予想されている。上記の技術的課題をめぐっては、各国メーカーが全固体電池の開発を進め、テスラやBYDはEVの高電圧化と急速充電器の開発・普及を進めている。EVを含め、「脱炭素」に向けた自動車産業の将来展望については予断を許さないが、技術開発競争がさらに進展していくものと思われる。

④中国車載電池メーカーの躍進

EVの生産コストの3〜5割を占める車載電池については、太陽光パネルや風力発電機と同様、中国企業が強固な地位を固めている。2023年の車載電池の世界シェアでは36.8％で首位のCATL、15.8％で2位のBYDの両中国企業合計で過半を占め、3位LGグループ（韓国）、4位パナソニック、5位SKオン（韓国）はいずれも前年に比してシェアを低下させた[14]。中国企業はリチウムやニッケル、コバルトなどレアメタルを含む電池用素材の国内外での調達と精錬・精製事業で高いシェアを握り、品質・コスト両面で高い競争力を確保している。

さらに、レアメタルを用いず低価格のLFP電池の実用化と量産でBYDとCATLが先行し、上記の全固体電池でも2024年に鵬輝能源が開発に成功し、2026年から量産を開始することを発表するなど、中国企業が技術開発で先行する事例が増えている。

このようにEVを中心に中国自動車産業の躍進が続き、2023年には自動車輸出台数で中国が日本を凌駕するに至った。日本に残された最後の量産型輸

※14：『日経産業新聞』2024年2月29日付け。

出産業である自動車産業についても、旧来の技術的優位にとらわれず、社会的・人類的課題に対応した技術開発と産業転換を進めていくことが迫られている。

4. 現代日本資本主義の世界的位置

1・2節の検討では、グローバル資本主義化が進んだ今世紀、中国経済・産業の比重が高まった一方、グローバル展開した輸出産業の空洞化・競争力低下に伴って日本経済の地位低下が顕著であった。

日本産業の競争力低下は、前章と本章3節で明らかにしたように、米国の対日要求に従った会社・会計制度改革が促した株主優先・短期収益性志向の経営とともに、輸出産業を中心とする既得権益層を支援した日本政府の経済・産業政策が産業転換を妨げたことにも起因する。

そこで、構造変化が進んだ世界経済の中での日本資本主義の位置をいかに捉えるべきか、第2・3章の内容も踏まえて考察しよう。

（1）現代日本産業・経済の世界的位置

①「戦略的通商政策」と米国のグローバル独占

米国の経済的覇権を追求した米国クリントン政権は、日本産業・企業を冷戦終焉後の米国の脅威と捉え、日本に市場開放要求と併せて、株主優先・短期収益性志向の会社・会計制度改革を迫った。

一方、米国内での軍事技術の民間開放や公的研究機関による技術開発がICTや医薬品分野など米国企業の技術力・競争力を高めた。とりわけGAFAなどICT企業は、ネット上でのコミュニケーションや流通の基盤（プラットフォーム）とその利用履歴などデータの独占に基づいて巨額の利益を獲得しているが、米国ICT企業が軍民共用技術として米国政府の支援を受けてきた

点は看過できない[15]。「戦略的通商政策」を掲げた米国政府は、技術的優位を確立した分野を中心に世界各国に市場開放と米国式制度の導入を求め、米国企業・産業がグローバル市場で独占的地位を獲得することを後押しした。

クリントン政権は中国のWTO加盟を支援し、米国企業は豊富な低賃金労働力を擁する中国などアジア企業との提携や生産委託を通じて競争力を強化して日本企業に対抗したため、日本企業も同様の提携・現地生産を迫られ、国内産業の空洞化が進行した。

②中国の台頭と米中グローバル独占資本の角逐

一方、米国および日本企業との提携や生産委託を進めた韓国、台湾、中国などアジア企業は産業技術の獲得と強化に努めた。とりわけ国家支援を受けた中国企業は海外留学や海外就労の経験者も通じて産業技術を獲得し、ICTやAIの社会実装を進め、近年は技術覇権や世界シェア、国際規格をめぐって米国企業と競争を繰り広げるようになった。

米中対立は貿易摩擦だけでなく資源調達、宇宙開発や核軍拡、産業技術、ICTや通信規格、経済・政治体制、人的交流など様々な領域に及び、両国の企業が提供するプラットフォームの世界的囲い込み、サプライチェーンの分断が生じている[16]。このような米中対立に関しては、軍事技術とも密接に関連する研究開発への国家支援、また「戦略的通商政策」や「一帯一路」[17]など通商面での国家的支援を受けつつ、世界市場支配をめぐるグローバル独占としての米中巨大企業間の角逐とも理解できる。

③日本の既得権保護志向の国家独占資本主義

前章で検討したように、内需縮小と競争力低下に起因する産業衰退が進む中、日本政府は2010年代以来、旧来の独占資本の温存をはかる政策を繰り返した。マイナンバー制度などICT企業支援策、公共事業を含む再開発事業、水道事業や教育分野、政府業務の民間委託やPFIなど、政府支出や官製市場を通じた産業支援策が実施された。

※15：マリアナ・マッツカート（大村昭人訳）『企業家としての国家』薬事日報社、2015年；井上弘基「DARPA 軍民両用技術が寄与する米国軍産学の際限なき増強循環」（『季刊経済理論』第55巻3号、2018年）を参照。
※16：米中対立の経過と性格については、奥村晧一『米中「新冷戦」と経済覇権』新日本出版社、

また、電力・エネルギー政策では原発・火力発電を温存して再エネ転換に消極的だったため、日本では再エネ発電の比率は高まらなかった。さらに原発推進とともに化石燃料依存を続け、国際的批判を浴びているが、大規模集中型の発送電設備を有する大手電力会社や重電・重機メーカーの短期的利益を優先した政策決定と捉えられる[18]。2000年代初めに日本企業は太陽光パネルや風力発電機などで高い競争力を誇っていたが、2010年代に国内で再エネが普及しなかったために競争力を失い、欧米企業、さらには急成長を遂げている中国企業から大きく取り残される状況に陥っている。

このように、旧来型技術に基づく国内独占に立脚しつつ、新自由主義的改革の帰結である短期収益性志向の企業経営を脱却できない日本の大手企業は、上記の再エネ分野に加えてEV、ICTやバイオなど世界的な技術革新に取り残され、国際競争力を回復する見通しは開かれていない。また、第1章で述べたように、輸出依存的「経済大国」日本の学校教育の中で、輸出産業、とりわけチーム労働を通じて生産性向上を遂げた機械工業の生産現場に適した、さらに情意考課を含む査定昇給によって「自発的」労働強化を促す労務管理に適合的な従順な労働力の育成が志向され、人々の批判的思考力が失われていったことも、日本の研究開発能力の低下を招き、産業転換を妨げる要因となっている。日本政府の経済・産業政策、そして教育政策は、従来の独占資本の既得権保護と短期的収益の支援が中心で、日本独占資本は世界的な産業転換から取り残され、没落を迎えている。グローバル独占志向の米中の国家独占資本主義に対して、日本は既得権保護志向の国家独占資本主義[19]として対比的に捉えることができる。

(2) 従来型産業構造、既得権の温存と貿易赤字

①「出口なき金融緩和」と貿易赤字、円安

このように日本産業・企業の衰退は、米中グローバル独占の角逐の下、米国の要求に忠実に従いつつ既得権益を支援する政策を続けてきた帰結と捉え

2020年；平野健「現代アメリカのグローバル蓄積体制と中国」(『季刊経済理論』第56巻4号、2020年)；中本悟・松村博行編著『米中経済摩擦の政治経済学』晃洋書房、2022年などを参照。
[17]：「一帯一路」の経緯、内容、現状と課題については、平川均・町田一兵・真家陽一・石川幸一編著『一帯一路の政治経済学—中国は新たなフロンティアを創出するか—』文眞堂、2019年を参照。

られる。図2-2に示したように、2010年代以降は貿易赤字に陥る年が増加し、円安が進んだ2022年度の貿易赤字額は21.7兆円に膨らんだが、その要因は、輸出産業の貿易黒字の縮小とととともに鉱物性燃料と食料品の輸入額の拡大である。貿易赤字も一因とする円安ドル高に伴って、生活に必須なエネルギー・食料価格上昇が顕著になり、2024年5月まで26か月連続の実質賃金低下に象徴されるように、人々の生活を直撃した。

前章で検討したように、近年の円安は、物価上昇に直面した各国の利上げに対して、金融緩和を継続している日本からの「円キャリートレード」を含む対外投資も一因であった[20]。後述するように、物価上昇下での日銀の金融緩和の継続は、「アベノミクス」および黒田日銀総裁による異次元の金融緩和の帰結としての「出口なき金融緩和」に他ならない。

金融緩和を通じて、日銀が保有する国債残高は2024年3月に約580兆円、保有比率も47.4%（長期国債に限ると53.2%）に膨張しており、日銀の国債買入れの縮減、さらには売却につながる金融引き締めへの転換が、国債価格暴落を通じた急激な金利上昇を招く事態が懸念される。金利上昇は、売上低迷に喘ぐ中小企業経営を圧迫し、また債務者の7割超が変動金利での住宅ローンを抱えている中で、実体経済に深刻な影響を及ぼす。

また、1300兆円近い債務残高を抱える政府の利払い費増大による財政危機を招来する懸念が大きい。さらに、異次元緩和で大幅に増額されたマネタリーベースの大半は、市中銀行が持つ日銀当座預金残高であり、金利上昇に際しては同預金金利も上昇させる必要があり、膨大な利払い負担によって日銀が債務超過に陥る事態も懸念されている[21]。こうした事情を背景に金利引き上げが困難な日銀は、物価高に直面した各国が金利引き上げを行った中でも金融緩和姿勢を貫き、2024年3月以降の利上げも小幅なものにとどまっている。このように「アベノミクス」を通じた大幅な金融緩和の継続は、今日における「出口なき金融緩和」に帰結し、円安に伴う物価上昇が人々の生活を直撃する要因となったのである。

なお、「アベノミクス」の金融緩和自体、円安誘導を通じた輸出産業支援

※18：青木美希『なぜ日本は原発を止められないのか？』文春新書、2023年などを参照。
※19：国家独占資本主義については、池上惇『国家独占資本主義論』有斐閣、1965年；大内力『国家独占資本主義』東京大学出版会、1970年；北原勇・鶴田満彦・本間要一郎編『資本論体系10 現代資本主義』有斐閣、2001年などを参照。

を狙いとしていたのであるから、今日の円安と物価上昇の根因は、既得権益層としての輸出産業支援に行きつく。日本の経常収支は、海外現地法人の収益を中心とする第1次所得収支の黒字を主因に黒字となっているが、図3-3に明瞭に示されたように、国内投資が停滞を続ける一方で海外現地法人の収益の多くは海外での再投資に支出されて国内に還流しない。従って、経常取引による為替レートへの影響は主に貿易収支に規定され、近年の円安は、金利差を通じた対外投資と貿易赤字によるものと捉えられる[22]。

②従来の貿易構造の限界

円安を規定している貿易赤字は、第1章で明らかにした輸出依存的「経済大国」日本の産業構造の歪みが放置された一方、既得権益層である輸出産業支援により産業転換が妨げられた帰結に他ならない。「経済大国」日本は食料・エネルギー・資源輸入を前提し、重化学工業、とりわけ機械産業の輸出で稼ぐ外貨でこれを賄う産業・貿易構造が定着していた。国内で食料・エネルギー・資源の生産を担う産業は衰退し、政策的にも農業支援は極めて低水準に抑えられ[23]、鉱物性燃料輸入を前提する火力発電が原発と共に支援されてきた。図1-9に示したように、食料・エネルギー・資源輸入の増大とともに食料自給率が大幅に低下し、食料とエネルギーの輸入が不可避となっている中で輸出産業の国際競争力が低下したため、円安と貿易赤字の悪循環が生じたのであり、今後もこうした事態がより大きな規模で発生することが懸念される。

本章では、グローバル資本主義化の中で国際的地位を低下させた日本経済の現実、そしてグローバル展開を進めた輸出産業の収益拡大が国民経済の成長、すなわち国内生産・雇用の拡大から乖離している実態を明らかにした。このように輸出産業の収益拡大と国民経済との乖離が進んでいるにもかかわらず、円安誘導や税制など各種支援策を通じて輸出産業を中心とする既得権益層の利益が優先され、国内での食料生産や再エネ拡大が妨げられてきた。

※20：松本朗「インフレ進行下でのFRBの金融引き締めと日本経済」（『政経研究』第119号、2022年10月）を参照。
※21：河村小百合『日本銀行　我が国に迫る危機』講談社、2023年を参照。

食料・エネルギー輸入が貿易黒字で賄えない事態に直面しながら、既得権益層への配慮によって貿易赤字は拡大し、産業転換は妨げられ、今後もさらなる産業衰退と貿易赤字、経済低迷につながることが懸念される。

　輸出依存的「経済大国」に内在した「コストカット経済」に起因する労働条件悪化が続く中で、貿易赤字と金融緩和に伴う円安による物価上昇が実質所得減退を招き、人々の生活不安が広がっている。一方、米国の対日要求を背景とする新自由主義的改革によって、日本企業に米国式経営が広がっていったために、国内産業の供給力・競争力が衰退し、貿易・サービス収支の赤字に帰結した。今日の日本経済衰退と人々の生活水準悪化は、日本の「経済大国」化をもたらした輸出依存的成長自体に内在する歪みと、新自由主義的改革に伴う産業衰退との双方に根ざしているものと考えられる。

※22：拙著『衰退日本の経済構造分析』唯学書房、2024年、第8章を参照。
※23：鈴木宣弘『農業消滅』平凡社、2021年、133-171頁。

第5章 日本の産業・経済の再建に向けて
―衰退からの脱却と資本主義の超克―

 前章までの考察を通じて、日本経済が需要・供給両面、さらに国際競争力の面でも衰退に陥った要因が明らかになった。しかも、今日の経済衰退は人々の生活や社会の存立を脅かす事態を招来しつつあり、持続可能な社会と人々のくらしを実現するためには、日本産業・経済の再建と衰退からの脱却が喫急の課題となっている。

1. 衰退の根因―外需依存、対米従属、長期政権―

 前章までで明らかにした内容を概観しよう。日本経済の需要面での衰退、つまりコストカットに伴う内需の縮小傾向は、1970年代以来の輸出依存的「経済大国」に内在していたが、冷戦終結とグローバル競争激化を受け、さらなるコストダウンを狙った1990年代以降の非正規雇用の拡大が格差・貧困の広がりと国内経済の縮小再生産を招いた。また、米国の要求を背景にした株主優先・短期収益志向の経営への変貌や、既得権益を優先する政策に伴う産業転換の遅れが国内供給力の衰退に帰結した。さらに、輸出産業のグローバル展開が国内産業の空洞化と競争力低下につながった。

(1) 衰退日本の規定要因

 こうした衰退を決定づけた日本固有の要因として、①外需依存経済の成功体験と輸出産業の既得権益化、②対米従属の継続と深化、③政権交代の欠如が指摘できる。
 ①外需依存については、第1・2章で明らかにした内需抑制につながるとともに、第3章で検討したように、③と相まって既得権益層の中心をなす輸

出産業の利益を優先する政策の継続によって産業転換を妨げ、供給力低下に
つながった。

②の対米従属については、冷戦終結後に日本産業をライバル視した米国政
府から、「年次改革要望書」などを通じて数値目標を含む市場開放を迫られ、
さらに米国式経営への転換を促す会社・会計制度改革を通じて国内産業の供
給力・競争力が衰退した。近年では、機関投資家など株主の利益に直結する
コーポレートガバナンス改革によって、日本企業の内部留保や成長の原資が
株主還元および金融利得として吸い上げられつつある。しかも米国政府は
1990年代以降、日本との軍事同盟を強化しつつ、仮想敵とした中国のWTO
加盟を後押しし、米国企業は中国での現地生産や生産委託を通じて日本産業
に対抗した。

さらに、③政権交代の欠如は、自民党長期政権下で、政治献金や天下りな
どを通じた有力企業と与党政治家・官僚の癒着が固定化し、第3章で明らか
にしたように、経済・産業政策が既得権益を擁護する性格を強めた。これに
対して米国では、情報スーパーハイウェイ構想を打ち出したクリントン政権
下でIT企業が簇生し、「脱炭素」政策を推進したバイデン政権下で再エネ関
連企業が成長するなど、政権交代を通じて新産業の成長が実現している。

(2) 「経済大国」日本の歪みの克服

第1章では、高度成長から「経済大国」化を可能にした輸出依存的成長の
あり方自体が食料・エネルギーの輸入依存という産業構造の歪み、農村・地
域社会の崩壊と共同性の喪失、人々の孤独や人格形成の歪みなど様々な問題
を招来した点も明らかにした。持続可能な日本社会を確立するためには、産
業・経済の再建とともに、「経済大国」日本が抱え込んだ諸矛盾の克服がは
かられなければならない。しかも、先に述べた①外需依存、②対米従属、③
政権交代の欠如の3点は、戦後の日本の政治・経済・社会の規定要因であり、
今日の経済衰退からの脱却を展望するためには、戦後日本のあり方自体を問
い直す必要がある。

2. 衰退日本が直面する諸問題

　今日の日本経済・社会が直面している諸問題の多くは、第1〜4章で明らかにした輸出依存的「経済大国」とその衰退に起因ないし深く関連している。

（1）既得権保護と財政赤字、円安

　円安が物価上昇を招き、2024年5月まで26か月連続で実質賃金が低下したが、日本経済の需要・供給両面での衰退と既得権益を優先する政策に起因する。第2章で述べたように1990年代後半以降、賃金水準が低下して内需が停滞したため、個人や企業から銀行への借入れ需要が増えず、金融緩和は物価上昇につながらなかった。金融緩和のいま一つの狙いは円安誘導による輸出産業支援でもあったが、輸出産業の空洞化とグローバル展開、競争力低下によって輸出数量も国内生産も増えず、海外売上高の見かけ上の増加に伴う企業利益拡大と株高に帰結した。

　なお、食料・エネルギーを中心に輸入額が増大し、ICT分野の競争力低下と2019年の日米デジタル貿易協定に伴ってデジタル・サービス収支の赤字も拡大したため、これら赤字が輸出産業の貿易黒字を上回り、また海外現地法人の利益も海外留保・再投資に回る産業空洞化の進展により今日、経常黒字でも円安が進むようになっている。

　一方、金融緩和に伴う日銀の国債購入が財政赤字を支えたが、高額所得者や国内外の金融業者の利益に合致する税制改正に伴う税収空洞化を補いつつ、既得権益層向け支援の原資となった[1]。こうした既得権益を優先した財政赤字と金融緩和の継続は、厖大な保有国債を抱える日銀の政策を縛り、2022年以降の円安・物価上昇につながった。今日、円安と物価上昇が人々の生活悪化を招いているが、産業・経済構造の根本的転換がなされなければ、食料・エネルギーの調達困難を招く事態も懸念される。

※1：金子勝『裏金国家—日本を覆う「2015年体制」の呪縛—』朝日新聞出版、2024年。

（2）人口減少と地域社会の衰退

　生活保障を労務管理に組み込んだ高度成長期以来の企業社会が継続し、公的社会支出が増えない中、「コストカット経済」の追求に伴って非正規雇用が拡大したため、大幅な人口減少が進んだ。「ロスジェネ」世代は非正規雇用者を中心に未婚率が高く、その子ども世代である2000年代前半の出生数は1970年代前半の3分の2に過ぎない。「第3次ベビーブーム」を逃した日本社会は、急激な人口減少による内需の不可逆的減退が決定づけられただけでなく、不安定就労で昇給の乏しい非正規雇用者が年齢を重ね、「8050問題」や低年金高齢者、孤独や孤立など様々な問題を抱え込んでいる。

　また、高度成長期以来の人口流出、さらに新自由主義的改革で都市部から地方への地域間の所得再分配が絶たれた農村部の人口減少は、地域社会の存立を脅かし、他方で最も出生率の低い東京圏への一極集中が人口減少を促進している。地域社会の衰退は人々の共同性を希薄化させ、他方で人事査定が支配する企業社会では利害得失の行動原理を浸透させ、人々の孤独・孤立を一層深化させている。さらに、労務管理とコストダウンの成功体験は学校教育にも影響し、管理・権威への従順と批判的思考力の喪失を招くとともに、様々な組織でのハラスメントや、異論・少数者の排除、科学研究の停滞にもつながっている。

（3）公的領域の解体と寄生的独占資本

　一方、新自由主義的改革によって公的領域が縮小され、民営化や官製市場の広がり、民間委託が進んだ。社会保障への公的支出抑制が逆進性を高めて格差・貧困の拡大を促進し、福祉領域の市場化・民間参入が労働条件悪化を招き、公的年金運用は海外金融機関の収益拡大のために供された。分割・民営化に伴う鉄道網の衰退は地域社会や国防をも脅かし、郵政民営化は米国保険会社による郵便局の代理店化と、郵便料金値上げ、サービス悪化に帰結した。また、水道や種子など、人々の生存を保障するための公的領域がビジネ

スチャンスに供されようとしている。

　さらに、五輪やリニア、カジノを含む再開発や公共事業だけでなく、行政のデジタル化や事業委託、教育分野まで民間開放が進み、国際競争力を喪失した電機産業を含め、寄生的な資本が補助金や官製市場に群がっている。社会の基盤を形成してきた公的領域が切り刻まれ、人々の生活と地域社会の存立に大きな影響が及んでいる。

3. 産業・経済再建の課題

　このように、日本社会が直面している諸問題の多くは、外需依存と対米従属に伴う産業・経済の衰退に起因しており、従来のあり方とは異なる発想と経路を通じての再建が必要である。

（1）労働条件改善と格差是正

　経済衰退を克服するためには、人々の基礎的生活条件の保障を通じた内需の拡充と、持続可能な産業基盤と生産力の構築を通じた国内供給力の再建が不可欠である。

　日本経済の「失われた30年」は内需の弱さに規定され、内需抑制傾向は1970年代以来の外需依存的「経済大国」自体に内在していた。さらに1990年代以降、米国の要求を背景に株主優先・短期収益志向に変貌させられた企業経営の下、設備投資とともに人件費が抑制されたため労働条件悪化が進み、内需縮減につながった。

　こうした需要面での衰退を脱するには、50年来の成長の中軸を占め、既得権益層となっている輸出産業を中心とする「コストカット経済」志向を改め、労働条件を改善することが不可欠である。

　さらに第2章で明らかにしたように、新自由主義的改革を通じて、所得再分配の空洞化や公的領域の民営化・官製市場化が進められ、逆進性の強化と

公的サービスの縮小、労働条件悪化につながった。こうした政策を改め、所得再分配の再建・強化、最低賃金引き上げが不可欠である。中小企業の賃上げのためには、高度成長期以来の支配・従属を前提した企業間関係の変革が必要であり、下請取引の是正とともに、赤字企業の社会保険料負担の減免などの支援も求められる。

（2）持続的な国内供給能力の再建・拡充

一方、図1-9に示された外需依存に基づく産業構造の歪み、とりわけ食料やエネルギーの輸入依存は、輸出産業の国際競争力が衰退しつつある今日、限界を迎えている。労働条件の改善や所得再分配の拡充は、内需拡大と景気回復に寄与し得るが、国内供給力衰退によって多くの消費財で輸入品の浸透が進み、デジタル・サービス赤字も拡大している現状では、輸入拡大に伴う円安と物価上昇、国際商品市場での「買い負け」による調達困難につながりかねない。食料やエネルギーを中心に、輸入依存が前提されてきた資材・物資について、持続的な国内供給能力の再建・拡充が不可欠である。

高度成長期以来の乏しい農業支援と農産物輸入自由化による食料自給率低下、化石燃料輸入の継続が、貿易赤字と円安を促進させている。食料生産に関しては、減反政策に代表される生産抑制策を見直し、他の先進国並みに農業予算を拡充して価格支持や余剰買取、所得補償を通じた生産奨励策への転換が求められる。また、温室効果ガスの排出削減が迫られる中、省エネ技術と再エネの普及と低廉化を背景に、2050年温暖化ガス排出ゼロ目標の達成とエネルギー自給の技術的・経済的可能性が明らかにされている[2]。こうした技術的条件を活用し、食料とエネルギーの持続可能な国内供給力の形成がはかられるべきである。

（3）地産地消と市場の重層化

食料・エネルギーの供給体制の構築において、地産地消の追求は、輸送ロスやフードマイレージの低減のみならず、所得の地域内循環による雇用拡大

※2：歌川学「エネルギーからの二酸化炭素排出をどのように削減するか」（岩井孝・歌川学・児玉一八・舘野淳・野口邦和・和田武『気候変動対策と原発・再エネ』あけび書房、2022年所収）を参照。

を通じて、東京一極集中の是正と少子化抑制につながる[※3]。地域社会を基盤とした農業、再エネ、福祉事業の展開は、多様な人々の社会参加、孤独や社会関係喪失の克服にも資する可能性も有する。産業・商品の特性ごとにふさわしい地理的範囲での調整、すなわち世界市場、国内市場、地域市場など市場の重層性を確保し、域内・国内取引を誘導するための公的支援の拡充が求められる。

（4）公的領域・公的関与の拡充

さらに、新自由主義的改革に伴う民営化や民間委託を通じて縮小されてきた公的領域について、人々の生活や社会安定の基盤として再建・拡充が必要である。日本の企業社会では家族の生活条件が査定昇給を伴う年功賃金によって保障され、ジェンダー格差や長時間労働、過労死などの諸問題を引き起こしてきた。今や、家族形態が多様化し、多くの非正規雇用者が存在する以上、公的社会支出による生活保障を拡充する必要がある。なお、第2章で述べたように、福祉領域の市場化・民営化は、真のニーズの排除や就労者の労働条件悪化を招くと捉えられるため、公的な福祉サービスの提供体制の拡充を検討すべきである。

一方、第3章で検討したように、株主利益と短期的収益を優先する企業経営では、中長期的観点からの研究開発や設備投資が抑制される。基礎研究に対してはもちろん、産業技術の強化の観点から、さらに過剰生産能力の処理においても公的支援が求められる。2010年代以降の日本の産業政策は、旧来の技術に基づく既得権益層の短期的収益に配慮した施策が中心で、産業転換を妨げてきた。環境や技術の変化を踏まえ、中長期的視点から社会的要請に応え、新しい事業分野の開拓や技術革新を促す方向に企業行動を規制・誘導するような公的関与が求められる。

※3：岡田知弘『地域づくりの経済学入門—地域内再投資力論—（増補改訂版）』自治体研究社、2020年を参照。

4. 資本主義の超克に向けて

（1）「新自由主義からの転換」の動き

　米中両国は、政府支援によって産業技術・競争力を強化し、グローバル市場での自国産業・企業の覇権を獲得すべく、外交・通商政策も動員して激しい競争を繰り広げている。こうした中国との競争、また格差拡大への人々の反発にも直面して、米国政府、そして産業界も新自由主義からの転換を模索している。バイデン政権による富裕層・大企業増税を財源とする産業政策と最低賃金引上げ、労組支援策、財界団体ビジネスラウンドテーブルによるステークホルダー経営への転換方針が示された。

　他方、国連の「持続可能な開発目標（SDGs）」は「誰一人取り残さない」を掲げ、ディーセントワークや人権、平和、貧困、地球環境、地域社会など諸問題を解決する目標を示し、企業経営にとっても無視しえない影響を及ぼしている[4]。このような世界的な脱・新自由主義の流れに対して、株主還元が史上最高を更新し、老後不安が煽られる中で新NISAが推奨されている日本の状況は、周回遅れの感は否めない。

（2）新たな生産関係構築の課題

　第3章で明らかにしたように、2010年代に顕在化した国内産業の供給能力・競争力衰退は、私的所有＝株主の利害を優先し、中長期的供給能力を犠牲に短期的収益向上と株主還元拡大を追求した企業経営の帰結であった。株主優先の会社・会計制度、知的財産権や様々な収益権の証券化など、新自由主義の下では、私的所有権を最優先する基本思想が基底を成し、所有権の大半を握る独占資本の利得が増大してきた。諸々の収益権に設定された所有権は有限責任かつ転売可能な証券形態を取り、短期的収益拡大が希求される。故に、持続可能な国内供給能力の再建・拡充のためには、分配面だけでなく意思決定における株主＝私的所有の専制を抑制することが不可欠である。

※4：小栗崇資『社会・企業の変革とSDGs―マルクスの視点から考える―』学習の友社、2023年を参照。

（3）利潤原理・私的所有の専制からの転換

　生産や投資の決定を私的所有の支配から離脱させ、利潤原理を相対化していくためには、資本主義的生産様式の改変が必要がある。再エネと農業の地産地消、利用者ニーズに根ざした福祉事業などの分野では、私的所有・利潤原理を超える新たな生産関係の構築が進められている。

　福祉領域では、ケアを受ける本人や家族など当事者が運営・経営に主体的に参画する事業体が増え、当事者の立場を尊重した運営と、孤立し取り残される人々を生じさせない努力が続けられている。

　多様な人々の社会参加の観点からは、農福連携、さらに再エネ事業も含めた兼営、地域社会に根ざした事業展開も期待されるが、そのためには運営者と従業員だけでなく、関連領域に知見・経験を有する自治体職員を含む専門家、地域住民など多様な関係者の経営への関与も不可欠である。多様な当事者が意思決定に参画できる組織形態として、所有の多寡によらない「一人一票」制の協同組合、国有および自治体公社を含む公有企業、協同組合、住民出資によるNPO、従業員の経営参画などがふさわしい。

　日本産業・経済の再建のためには、私的所有の支配に基づく生産関係を変革することが構想、実践されるべき局面を迎えている。市場の重層性の確保や公的領域の拡充も含め、単一で無差別な世界市場、私的所有の支配に基づく生産関係、利潤・収益性原理を最優先する生産・投資決定という資本主義の原理自体の見直しとその超克が求められている。

あとがき

　本書では、戦後の高度成長から「経済大国」化に至る日本の経済成長の特質を明らかにしたうえで、1990年代以降の「失われた30年」を規定した要因について、国際競争力追求に伴う内需縮小、米国式経営への変容に伴う設備投資抑制と供給力衰退、日本産業のグローバル展開と産業空洞化の3点から考察した。そして、今日の日本産業・経済の衰退、そして日本社会の劣化は、「失われた30年」を規定した諸要因だけでなく、外需依存的「経済大国」化に内在した歪みにも起因していることが明らかになった。

　1980年代の日本の「経済大国」化を可能にしたのは、雇用・賃金抑制などコストダウンを梃子にした競争力向上に伴う機械産業の輸出拡大であったが、競争力向上自体に内需抑制要因を包含していた。したがって、輸出産業は国内需要を上回る供給拡大を遂げたため、外需依存的産業構造が定着した。一方、日本重化学工業は高度成長期以来、資源・エネルギー輸入を前提していたことに加え、輸出拡大に伴う貿易摩擦の中で農産物輸入自由化が進み、食料の輸入依存・自給率低下も進んだ。こうして、「経済大国」日本では、機械産業を中心とする重化学工業の輸出によって得られる外貨によって、食料・エネルギー・資源の輸入を贖う構造が定着した。しかしながら、輸出産業が国際競争力を喪失しつつある今日、貿易赤字が常態化し、「アベノミクス」金融緩和の負の遺産に伴う「出口なき金融緩和」も背景に、円安と物価上昇が人々の生活悪化に帰結している。

　他方、外需依存的「経済大国」化の下、輸出産業の競争力向上が至上命題とされる中で、日本社会に様々な歪みが生じ、増幅していった。稲作農業特有の豊富な農村人口を吸収し、企業社会が広がっていったが、農村の貧困を背景とする低賃金労働力の利用、さらに下請系列関係を通じた支配関係と格差の固定が競争力強化につながった。企業社会の内部では、情意考課を含む人事査定に基づく年功賃金が教育・住宅など家族の生活保障の中心となり、

人々の生活保障が労務管理に従属させられ、「会社人間」や孤独・孤立の広がり、未婚や少子化にもつながった。さらに、労務管理を模した学校教育が従順さを強いることで、子ども・若者の批判的思考力の喪失を招き、今日の産業競争力衰退の一因ともなった。

日本経済はこうした歪みを抱えつつも、経済成長、とりわけ輸出拡大が曲がりなりにも「経済大国」そして人々の生活を支えてきた。しかし、1990年前後のソ連崩壊と冷戦の終結は米国の対日姿勢を一変させ、「失われた30年」そして経済停滞・没落の要因となった。日本産業・企業をライバル視した米国政府の対日要求は、日本市場の開放に加えて、日本国内の諸制度を米国式に改めさせる改革を要求し、これらに従順に従って日本政府は新自由主義的改革を進めた。とりわけ会社・会計制度改革は、日本企業をして株主優先・短期収益性志向の米国式経営への変貌を促し、人件費とともに設備投資が抑制されたために日本産業の供給力・競争力の衰退に帰結した。

さらに米国政府は、外資導入・輸出依存的成長を志向した中国のWTO加盟を後押しし、米国企業は中国での現地生産・生産委託を活用して日本企業に対抗した。こうした「世界の工場」中国を取り込んだグローバル資本主義化の中で、日本企業も輸出産業を中心に海外生産を拡大したため、産業空洞化が深化した。さらに国内では、日本に比較して大幅に低賃金であったアジア諸国に対抗するため、1995年の日経連「新時代の「日本的経営」」に象徴されるように、非正規雇用の拡大を通じたさらなるコストダウンが追求されるようになった。

1990年代以降の「失われた30年」の要因について、改めて整理しよう。外需依存的「経済大国」としての日本経済は、国際競争力向上のために内需抑制要因を本来的に内包していたが、冷戦終結とグローバル競争の激化の下で、賃金コストのさらなる削減が追求される中で内需の停滞・減退が深化し、長期の経済停滞の主因となった。一方、米国の対日要求を背景とする米国式企業経営への変貌が設備投資の抑制を招き、さらにグローバル競争激化に伴う日本産業の海外展開が産業空洞化につながり、日本産業の国内供給力の衰

退に帰結した。それに加えて、日本政府の政策でも輸出産業を中心とする既得権保護が優先されたことから、日本企業は世界的な産業転換に後れをとることにもつながった。なお、上記のように高度成長期以来の食料・エネルギーの輸入依存が続き、さらに近年は産業転換の遅れが再エネ関連機器やデジタル・サービス収支の赤字拡大を招き、日本経済の供給面での脆弱さが深化している。

このように今日、日本経済は需要・供給両面での衰退、そして衰退を脱却できない没落を迎えている。こうした日本経済の没落は、日本社会の存立を脅かすような事態を招いている。

日本の産業・経済を再建し、日本社会の持続可能性を回復するためには、今日の需要・供給両面での衰退を克服していくことが不可欠である。賃上げを含む労働条件の改善と所得再分配の強化を通じた内需の拡充が求められるが、同時に持続可能な国内供給能力の形成を欠くことはできない。貿易赤字が常態化し、国内市場への輸入品の浸透が広がっている今日、供給力拡充を欠いた内需拡大策は、さらなる円安と物価上昇を招く要因となり得ることに留意が必要である。なお国内供給力形成に関して、株主優先の米国式経営への転換、そして市場原理に基づく産業調整が日本産業の競争力・供給力喪失につながった点、そしてグローバル競争が産業空洞化を招いた点は看過できない。日本経済の再建にあたり、市場の階層化や公的領域の拡充、株主＝私的所有の利益を最優先する資本主義的生産様式の変革が模索されるべきであると考える。

以上が本書の結論である。本書に対する忌憚のないご批判を賜れれば幸いである。なお、ウクライナ戦争や各国でのポピュリズム台頭を受けたグローバル経済の変貌と日本経済との関係、これからの日本産業・経済の再建にむけた具体的な可能性などについては、さらに研究を深めていくべき課題であると考えている。

「はじめに」でも書いたように本書は、研究書として上梓した2つの拙著

『現代日本再生産構造分析』（日本経済評論社、2013年）と『衰退日本の経済構造分析―外需依存と新自由主義の帰結―』（唯学書房、2024年）の内容を中心に、多くの人が読みやすいように簡潔に書き下ろしたものである。後者の拙著刊行後に、いくつかの学会・研究会で拙著の内容を報告させていただく機会をいただいたが、その際、多くの先生方より、一般向けの著書にまとめ直して刊行するようお勧めいただいた。同著を刊行した唯学書房の村田浩司さんにご紹介いただいた旬報社の木内洋育社長から本書の刊行をご快諾いただき、村田さん、伊藤晴美さんが編集を担当してくださった。このように、本書の刊行を勧め、ご協力くださった多くの方々に御礼申し上げたい。

　本書は、これまでの筆者の日本産業・経済に関する研究成果をまとめたものである。「ロスジェネ」世代の筆者は、1980年代の日本経済の「繁栄」から「失われた30年」を経て、今日の衰退、没落に至る経済・社会の状況を同時代的に経験・見聞してきた。筆者が経済学研究を志したのは2000年代初頭、横浜の職業高校に勤務する中で、高卒就職者が安定した職に就けず、貧困の再生産が生じつつあることを実感した経験からである。将来を担う若い人たちが大切にされない社会は必ず衰退、没落に至るのではないか、と感じていた懸念は現在、現実のものになってしまったように思われる。また筆者は、地元の神奈川で、地域社会の実情と諸問題についての調査・研究活動、また福祉や教育、ボランティア活動などにも関わらせていただいた。こうした活動を通じて、深刻な地域社会の衰退と人々の生活困難を目の当たりにしてきたことが、専門家にとどまらず多くの人に手に取っていただきたい、という本書の執筆への思いを強くしてくれた。これらの経験、活動を通じてお世話になった多くの人々に謝意を表したい。さいごに、これまで研究指導いただいた先生方、また筆者の人格形成に影響を及ぼしてくれた方々、そして妻と子どもたちに感謝の気持ちを伝えたい。

索 引

あ 行

「アベノミクス」	38, 100〜, 132
「いざなぎ越え」景気	61
「一帯一路」	130
「インフレ目標」	101
「失われた30年」	3, 9〜, 45, 71
エネルギー基本計画	109

か 行

「会社人間」	23, 29, 40, 145
会社分割法制	86, 94, 121, 139
外需依存的「経済大国」	3, 38, 139, 144
外需依存	135〜
「株式市場の逆機能」	99
株式持合い	84, 99
株主還元	2, 86, 90, 100, 113, 136, 142
空売り	48, 49
官製市場	68, 107, 130, 138
「気候危機」	108, 124
既得権優先	100, 124
逆進性	65〜, 71, 78, 138
キャッシュフロー計算書	89
「狂乱物価」	27
緊縮政策	15
金融所得課税	66
クリントン政権	50, 56, 129, 136
グローバル資本主義	4, 115, 118, 129, 145

さ 行

グローバル独占	129〜
減損会計	90
「減量経営」	28〜, 33, 64, 71
公共事業	32, 77, 113, 130, 139
「合成の誤謬」	34
コーポレートガバナンス	95〜
国際会計基準	89〜
「コストカット経済」	3, 34, 134, 139
国家独占資本主義	130
再エネ関連機器	124
三角合併	86
産業空洞化	123, 137, 144
産業転換の遅れ	124, 135, 146
三層格差	21, 24
時価会計	89〜, 121
「自己責任」論	70〜
自社株買い	86, 99
市場の重層化	140
「持続可能な開発目標（SDGs）」	142
下請関係	22, 34
下請企業	21〜, 30
私的所有	142
社外取締役	87, 95〜
車載電池	127
ジャストインタイム（JIT）	30
純投資額	80〜

少子化	23～, 39, 71, 77, 145
「職・エ一体」	14
人口減少	23～, 39～, 71～, 77, 141
人事考課	22, 29, 41
「新時代の「日本的経営」」	57～, 62
新自由主義的改革	77, 138, 141
「深層現調化」	122～
信用創造	102
スタグフレーション	26, 28
政権交代の欠如	135～
生産関係	142～
「生産と消費の矛盾」	33
成長戦略	96, 101, 107～, 113
世界産業連関表	116
石油ショック	27
全国総合開発計画（全総）	19
「戦略的通商政策」	52, 77, 84, 121, 129
占領政策転換	14

た 行

対米従属	34, 98, 135～
「台湾有事」	37, 55, 57
「脱炭素」	108～, 124, 136
短期収益志向	94, 97, 99, 135, 139
男女役割分担	22, 23
地産地消	140
超LSI技術研究組合	31
「調整インフレ論」	27
「出口なき金融緩和」	131～, 144
電気自動車（EV）	126
「電電ファミリー」	54

東京一極集中	39, 78, 141
「投資が投資をよぶ」	16
特定不況産業安定臨時措置法（特安法）	32, 95
「ドル高転換」	58, 78

な 行

「内申書」	41
内部留保	2, 100, 136
南巡講話	55
ニクソンショック	26
「日米逆転」	9
日米構造問題協議	51
日米デジタル貿易協定	104, 137
日米半導体協定	51, 121
日米包括経済協議	52, 97
日米保険協定	53
年功賃金	14, 22, 23, 39～, 72, 141, 144
「年次改革要望書」	52～, 60, 84, 91, 95, 136
農協改革	107
農福連携	143

は 行

バイデン政権	57, 136, 142
「ハゲタカファンド」	93
バブル崩壊	45～, 79
「反共の防波堤」	15, 24, 50
PHEV（プラグインハイブリッドカー）	126
「複合不況」	48
物価上昇	2, 15, 27, 37, 102, 132, 137
プラザ合意	9, 46
「ブラックマンデー」	47

不良債権処理	79, 91〜, 122
不良債権の直接処理	91〜121
米国式経営	87〜, 98〜, 136, 144
米中対立	115, 130
米中連携	55, 56
「ベーシックインカム」	70

ま 行

「マクロ経済スライド」	68
民間委託	106
民主党政権	95, 108

や 行

郵政民営化	53, 84, 95, 138
輸入品の浸透	75, 140, 146
輸出依存的成長	24〜, 28, 33, 58, 61〜, 145
「容量市場」	110

ら 行

利潤原理	143
量的・質的金融緩和	101
臨海工業地帯	19, 20
ルーブル合意	46, 47
冷戦終結	48, 135, 145
労働者派遣法	59
労務管理	23, 24, 39, 131, 138, 145
「ロスジェネ」	72, 138

［著者］

村上研一（むらかみ・けんいち）

中央大学商学部教授。横浜市立高等学校教諭、都留文科大学講師・准教授を経て
現職。著書に『現代日本再生産構造分析』（日本経済評論社、2013年）、『再生産表
式の展開と現代資本主義』（唯学書房、2019年）、『衰退日本の経済構造分析』（唯
学書房、2024年）など。

日本経済「没落」の真相
——貧困化と産業衰退からどう脱却するか

2025年5月10日　初版第一刷発行

著　者———村上研一

装　幀———河田　純

編集協力——有限会社アジール・プロダクション

発行者———木内洋育

発行所———株式会社旬報社
　　　　　〒162-0041　東京都新宿区早稲田鶴巻町544
　　　　　TEL. 03-5579-8973　FAX. 03-5579-8975
　　　　　ホームページ https://www.junposha.com/

印刷・製本——中央精版印刷株式会社

©Kenichi Murakami 2025, Printed in Japan　ISBN978-4-8451-2054-3